平壌
漢城府
(ソウル)
尚州
釜山
居昌郡
咸陽郡
陜川郡
黄江
慶尚南道
山清郡
宜寧郡
咸安
南江
晋州
晋州市
河東郡
泗川市
20
泗川
固城郡
19
全羅南道
順天
22
21
統営市
南海郡

왜성을　거닐다

# 倭城を歩く

織豊期城郭研究会 編

熊川城の登り石垣と天守台

# 倭城の魅力

## 天守台

倭城には規模の大小はあるものの、必ずと言っていい程天守台が築かれている。主郭の隅角に一段高く築かれる城が多く、城中に存在する櫓台中最大規模を有し、倭城見学の最大の見どころである。

隅角に位置し、多聞櫓が接続する安骨浦城天守台

隅角に位置し、付櫓台と多聞櫓が接続する機張城天守台

曲輪中央部に突出する長門浦城（山腹曲輪群）の天守台

中央部に独立して建つ順天城天守台（石垣修理後）

# 登り石垣・竪土塁と竪堀

天守台を起点とし、約 100 mの登り石垣が続く熊川城

主要部南東隅から、通路を兼ねた登り石垣が残る機張城

城域の遮断線として、また山麓及び港湾施設と山上の城の一体化を図る目的で登り石垣が設けられている。石垣とはならず竪土塁を設けた倭城も多い。石垣、土塁に沿って竪堀が付設している。

仕切りの石塁から伸びる永登浦城の竪土塁と竪堀

北側城域を遮断する馬山城の竪土塁と竪堀

# 虎口

仕切りの石垣と突出させた石垣で折れを入れた亀浦城

連続する虎口が見られる熊川城

城の入口にあたるため、厳重な防備が施されている。倭城のほとんどは石垣を利用し、強固な虎口を設けている。鍵の手に折れる枡形状を呈す虎口、喰い違いとなる虎口、単純な平入虎口と多種多様な形態が見られる。

枡形状を呈す安骨浦城の西曲輪東虎口

石垣が整備され城門が復元された泗川城（船津里城）本丸北東虎口

# 眺望

釜山母城からは、市街地化が進んだ街並み、港が一望される。

眼下に海岸が広がる西生浦城からの景観。

韓国南海岸を中心に築かれた倭城は、橋頭保であり兵站基地であった。そのため、港湾を見下ろす位置に築かれた城が多い。現在も、城跡からの眺望は開け市街地化された町並みや海を臨むことが出来る。

# はじめに

倭城とは、豊臣秀吉の朝鮮出兵（文禄・慶長の役）に際して、朝鮮半島の南岸に築かれた秀吉軍の城跡のことである。その数は現在約三〇ヵ所において確認され、石垣、横堀、竪堀、登り石垣などが見事に残されている。

私がはじめて倭城跡を訪ねたのは一九九〇年のことであった。当時の韓国への入国は厳しく、空港、海岸線などでは撮影が禁止され、地図の入手にもパスポート番号が控えられた。国内の交通事情も悪く、一人で行けるようなものではなかった。

近年は韓国の経済成長に伴い、交通インフラも整い、一部の倭城跡は観光地として整備されるようになり、誰でもが気軽に訪ねることができるようになった。ところが城跡に関しての研究書は数多く刊行されているが、城跡の所在地、交通手段、現況図などの基礎情報について案内するものがなかった。そこで編んだのが本書である。誰もが気軽に倭城跡を訪ね、現地でどこを見学すればよいのかを図や写真を交えて紹介することを心掛けた。もちろん城跡の歴史についてもわかりやすく解説を加えることとした。

編者である織豊期城郭研究会では二〇一〇年より、毎年倭城跡の調査をおこなってきた。今回の案内はその最新の調査成果のダイジェストでもある。

本書を机上で読んでいただくだけではなく、できれば本書をバッグに入れて、ぜひとも現地を訪れていただき、壮大なスケールの倭城跡を見学していただけたなら執筆者一同、望外の幸せである。
日本は今、空前の歴史ブームであり、特に戦国史の書籍は数多く刊行されている。しかし、朝鮮半島に残された倭城跡のガイドブックとなると、どれだけの読者層があるかは未知数である。そうした未知数の分野であるにもかかわらず、私たちの持ち込み原稿を書籍化してくださった、サンライズ出版ならびに編集を担当していただいた岩根治美専務に心より感謝を申し上げたい。

平成二十六年十月吉日

執筆者を代表して　中井　均

# 目次

## 倭城の見方



## コラム

## 凡　例

・豊臣秀吉による一五九二年（文禄元、宣祖二五、万暦二〇）と、一五九七年（慶長二、宣祖三〇、万暦二五）の二度にわたる朝鮮出兵（唐入り・高麗陣、壬辰倭乱・丁酉再乱、万暦朝鮮役）に、日本側によって築かれた城跡は、倭城と呼ばれているが、本書では当時の日本側の名称を主とし、「倭」を付けずに記した。この記載に政治的意図はまったくなく、あくまでも当時の城名にできるだけ忠実に記したものである。但し、書名については一般的に使用されている倭城とした。

・本書ではこの戦争については、豊臣秀吉の朝鮮出兵と統一して記した。さらに軍を記す場合、日本側については豊臣軍、または秀吉軍と記し、朝鮮、中国側については朝鮮・明軍と記した。

・文化財指定については、『慶南研究』9を参考に記した。

・アクセスは平成二六年十月現在のデータを元に記した。

# 総論

# 朝鮮出兵

津野倫明

## はじめに

　十六世紀末、豊臣秀吉は二度にわたり朝鮮に大軍を出兵した。主力として派兵されたのは西国の諸大名であり、その軍役人数の総計はのべ約三〇万人にも達した。軍役人数も示すように、この出兵は前近代日本においては空前の海外派兵であった。まず、その呼称について述べておこう。

　この出兵は日本では一般に「朝鮮出兵」あるいは「朝鮮侵略」と称され、一回目・二回目の出兵を区別する場合には開始時の年号にちなみ、前者を「文禄の役」、後者を「慶長の役」と呼んでいる。一方、韓国ではそれぞれ開始時の干支にちなんで「壬辰倭乱」・「丁酉倭乱（丁酉再乱）」あるいはあわせて「壬辰倭乱」などの呼称、中国ではあわせて「壬辰倭禍」あるいは中国の年号にちなんで「万暦朝鮮役」などの呼称が使用されている。これらはいずれも各国の一国史の立場にもとづいているので、国際的に通用する名称を定める必要があるとの問題意識から、三国に共通する干支を用いて「壬辰戦争」と呼ぶべきとの提唱もなされている。また、出兵の目的は明征服であるから、「大陸侵攻」という表現が相応しいとの提唱もなされている。これらのような問題意識は重要であり、また目的を明征服とみる見解を支持するが、「壬辰戦争」・「大陸侵攻」ともにいまだ普及してはいない。そこで、本稿では表題にも掲げた一般的な呼称の「朝鮮出兵」あるいは「文禄の役」・「慶長の役」を使用してゆくことにしたい。

　本稿は総論「朝鮮出兵」であるから、日本側の戦略や渡海諸将の軍事行動などを網羅すべきなのかもしれないが、そうした場合には諸事実やこれと関連する日付・人名・地名等々の無味無臭な羅列に陥ってしまいかねない。そこで、旧稿で考察した豊前毛利氏の動向を中心に述べつつ、これと関連させながら戦略や他の諸将の軍事行動などに言及することにしたい。

豊前毛利氏に着目する理由を説明しておこう。名を馳せてきた加藤清正や小西行長などのような大名ではなく、〝地味な〟同氏の動向を追えば、かえって朝鮮出兵そのものがどのような事態だったのかを再認識できる。当主吉成は文禄の役・慶長の役のどちらでも渡海しており、その子息吉政の渡海もあわせると、叙述は出兵のほぼ全期を対象とすることができる。旧稿発表後の研究の進捗により、慶長の役における同氏と多くの倭城とのかかわりが明らかとなっている。「倭城を歩く」ためには、倭城跡の現状を大きく規定した慶長の役とくに終盤の状況を把握しておくことが重要である。これらが本稿で豊前毛利氏に着目する理由である。

## 一　文禄の役勃発〜講和休戦期

豊臣秀吉はいまだ国内統一を進めていた天正十三年（一五八五）九月、早くも明征服の意思を表明していた。その五年後、朝鮮使節を引見した秀吉は、これで朝鮮は服属したものと認識し、朝鮮国王の宣祖に対して「征明嚮導」（明征服の先導をつとめること）を要求する。実際には、小西行長・宗義智らが秀吉の要求を「征明嚮導」から「仮途入明」（明侵攻のために朝鮮の道を日本の軍勢にかすこと）にかえて朝鮮と交渉した。しかし、どちらの要求にせよ、朝鮮にとっては受け入れがたいものであった。交渉は、朝鮮の拒絶によって不調におわる。

天正二十年（文禄元年）三月十三日（和暦、以下同様）、秀吉は文禄の役に投入する約一六万人を一番〜九番に編成した。そのうち四番は毛利吉成、島津義弘、日向衆と称された高橋元種・秋月種長・伊東祐兵・島津忠豊（豊久）で構成されていた。秀吉は出兵に際して諸大名を地域的な軍団に編成しており、四番は島津義弘や日向衆に注目した場合、南九州のグループとみなされる。豊前小倉を本拠とした毛利吉成のみが北九州の大名である点、また四番で唯一の織豊取立大名である点から、一・二・三番における小西行長・加藤清正・黒田長政らと同様に隊の「主将」とみなされ、吉成には日向衆に対する指揮権が付与されていた。ただし、後述のように島津義弘は吉成の指揮下にはなかった。

天正二十年四月十二日に慶尚道釜山に到着した一番に続いて、吉成ら四番は四月十七日に二・三番とともに同地に到着した(遅参した島津義弘の同地到着は五月三日のことである)。翌十八日に吉成ら四番は三番とともに金海府さらに昌原を攻略し、二十六日には星州を占領した。そののち慶尚道から忠清道へと北上した両隊は、五月三日に陥落していた都漢城へ同月七日か八日頃に到着する。漢城陥落の報に日本で接した秀吉は、明征服も前提とする後陽成天皇の北京行幸や自身の寧波移住などを含む壮大な国家構想をたてることになる。朝鮮では、各方面より漢城に集結した渡海諸将が協議して今後の経略を決定した。「高麗八州之石納覚書」によれば、諸将による朝鮮八道の経略分担は慶尚道—毛利輝元、全羅道—小早川隆景、忠清道—四国衆、江原道—毛利吉成、京畿道—宇喜多秀家、黄海道—黒田長政、咸鏡道—加藤清正、平安道—小西行長とされていた。

実際、吉成は高橋元種・秋月種長・島津忠豊を率いて江原道を転戦する。この時、伊東祐兵は江原道内で別働隊として行動していたものの、これは例外であり、後述のように以後は他の日向衆とともに吉成あるいは彼の子息吉政の指揮下にあった。なお、遅れて渡海した島津義弘も江原道に侵攻したが、以後も合流することはまれで、同じ四番とはいえ日向衆のように吉成の指揮下にあったわけではない。その義弘が八月中旬から永平に駐屯したのに対して、吉成らは原州に駐屯していた。ここは江原道観察使の治所であり、吉成こそが江原道経略の分担責任者であったといえる。ただ、江原道経略は必ずしも順調ではなかったようである。

文禄二年(一五九三)正月七日の平壌の戦いにおける小西行長らの敗北を契機とし、日本側は劣勢にたたされることになった。漢城に駐屯していた石田三成らは諸大名に漢城への集結を促し、これに応じて、江原道の吉成らも二月二十一日に漢城に到着した。かねてより秀吉は自身の渡海を表明し、漢城—釜山間の御座所普請を命じており、戦況悪化のなかでもその整備を厳命していた。

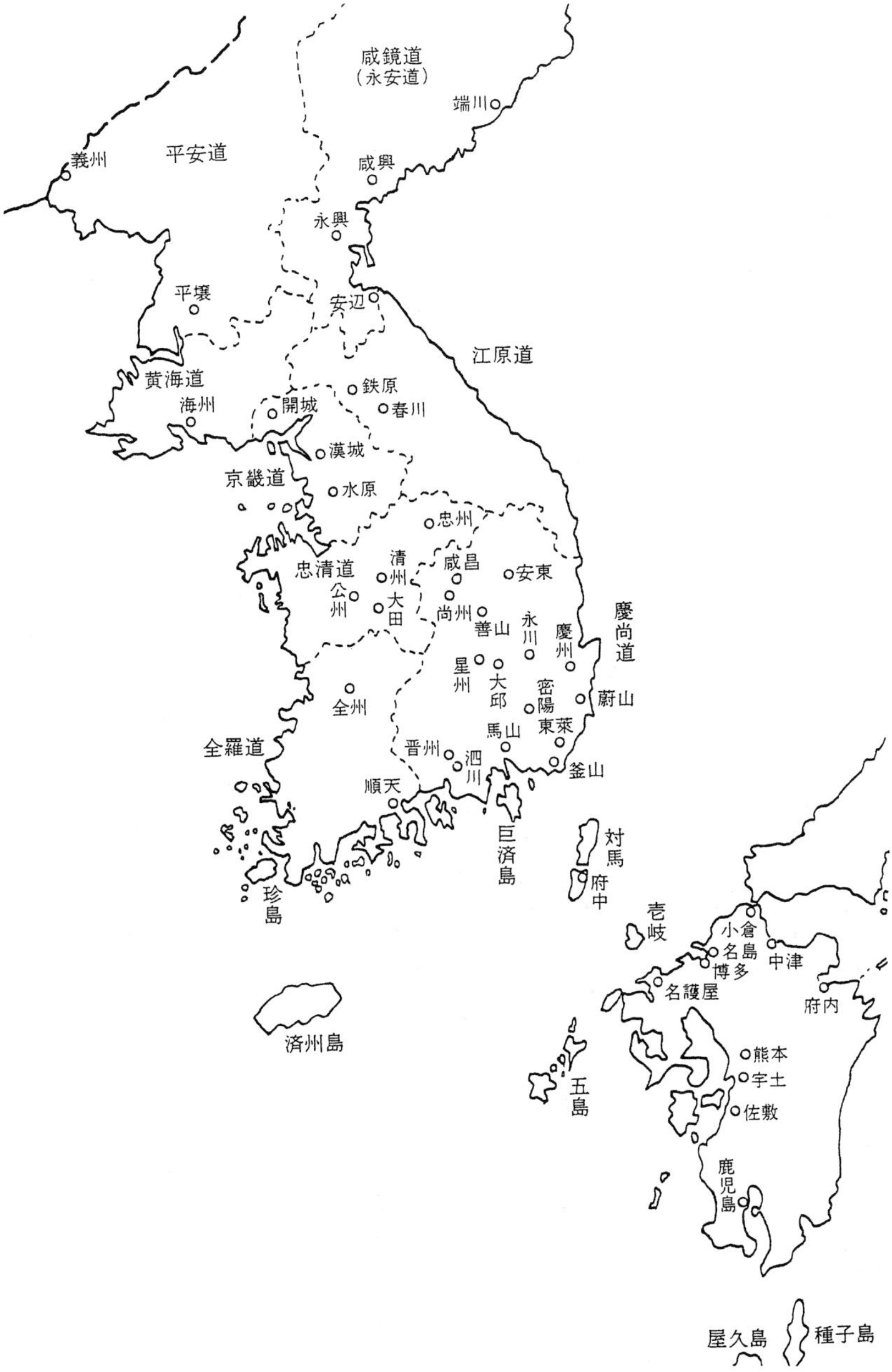


九州と朝鮮半島要図（中野等『秀吉の軍令と大陸侵攻』吉川弘文館、2006年より）

これに対して、文禄二年三月に吉成も含む在陣諸将は兵粮不足を訴え、まずは慶尚道・全羅道を制圧し、兵粮補給の可能な「海端・川筋」に「城々」を普請する必要があると秀吉に上申し、渡海についても延引するよう諫言している。すでに正月二十四日の段階でも三成らが同様の上申をしており、さすがに秀吉も作戦変更せざるをえなかった。三月十日、秀吉は一度失敗した晋州城攻撃と、かつての漢城―釜山間ではなく慶尚道内の尚州―釜山間のライン維持とを目的とする兵力の再編計画を在陣諸将に伝えた。

この計画によれば、吉成ら渡海時の四番は尚州の守備隊として編成されている。四月になると諸将は漢城から撤退し、小西行長らによる講和交渉も開始された。そこで秀吉は軍事的優勢のもとで交渉を進めるべく、また諸将の士気を高揚すべく、晋州城攻撃に執着して五月二十日にその部署を定めた。吉成ら四番のメンバーは鍋島直茂・黒田長政・加藤清正らと一隊を構成し、六月十九日に開始された晋州の戦いで北面より攻撃した。同月二十九日、戦いは九万人を超す圧倒的な兵力を投入した日本側の勝利におわった。こうした軍事行動と並行して、朝鮮半島南岸部の在番体制が整備されつつあった。

この在番体制のために築城されたのが「狭義の倭城」である。城郭としての倭城の詳細は総論「倭城とは」で論じられるので、ここでは定義について簡潔に説明しておこう。朝鮮出兵の際に日本側が朝鮮半島で築いた城は倭城と呼ばれている。上陸地釜山―都漢城―平壌間などの補給路確保のために築かれた「伝いの城」、また秀吉の渡海に備えて築かれた御座所、これらも含めてとにかく日本側が築城に関与した城郭が「広義の倭城」である。対して、日本側が文禄二年四月の漢城撤退後に朝鮮半島南岸部に築城した「御仕置の城」が「狭義の倭城」であり、本書が対象とする倭城は原則としてこちらである。「狭義の倭城」は文禄の役では一九城、慶長の役では八城が築かれ、築城時期が不明の二城を加えると、計約三〇城になる。

朝鮮側の史料も活用した近年の研究を参考にして文禄二年七月頃の在番状況を示しておこう（なお、倭城はおおむね東から順に列記し、在番者は主たる人物を一名のみあげた）。

西生浦　　加藤清正

林浪浦　　　　　　　毛利吉成
機張　　　　　　　　黒田長政
東萊　　　　　　　　小早川秀包
釜山　　　　　　　　毛利秀元
亀浦　　　　　　　　小早川隆景
金海竹島　　　　　　鍋島直茂
「同繋の城」＝加徳　鍋島直茂
安骨浦　　　　　　　九鬼嘉隆
熊川　　　　　　　　小西行長
唐島　　＝松真浦　　島津義弘
「同所の城」＝長門浦　福島正則
「同繋の城」＝永登浦　島津義弘

吉成は日向衆とともに林浪浦在番を担当することになったが、吉成自身は文禄四年には帰国している。秀吉は同年七月に養子秀次を処分し、これを契機に翌八月に徳川家康らの連署状をもって「御掟」「御掟追加」を制定した。吉成は後者において訴訟をまず受理する「十人衆」に抜擢されていることなどから、五月頃までには帰国していたとみられている。一方、吉成の子息吉政は同年初頭には渡海しており、父の代理として日向衆を指揮し、在番していた。この年、秀吉は講和交渉の進展にともない在番体制の縮小策をとっており、必ずしも秀吉が指定したどおりではないものの、倭城の整理が進行していた。十月頃は、次のような状況にあった。

帰国した父義弘にかわって永登浦にいた島津忠恒（家久）は加徳に移動する。西生浦の加藤清正は帰国する黒田長政にかわって機張に移動する。金海竹島の在番者は鍋島直茂のままと考えられ、同所には長政の父孝高が逗留していた。林浪浦の毛利吉政は安骨浦へ移動する。日向衆も林浪浦から安骨浦に移動しており、吉政とともに安骨浦に在番し、越年したことが確認される。結果として、林浪浦・西生浦などは空城となり（ただし、朝鮮側には両城に残留部隊がいるとの情報がはいっていた）、加徳・機張・安骨浦・金海竹島、そして釜山・東萊の六城が残る在番体制になった。

翌文禄五年（慶長元年）の前半には、明使節の来日にあたり在番体制の解消さえも予定されていた。しかし、同年九月に日明間の講和交渉は破綻してしまう。

## 二　慶長の役勃発～全羅道侵攻

日明間の講和交渉は文禄二年四月から小西行長らによって開始されていたが、明側が倭城破却と撤兵を要求したことなどが原因となり、文禄五年九月二日に破綻した。再出兵を決意した秀吉は、年内の毛利吉成・加藤清正・小西行長の派遣を決定する。十月下旬には吉成から吉政に再戦必定の旨が伝えられており、安骨浦在陣の諸将に吉政がその旨を伝達し、再戦の用意を指示した。実際の派遣は遅れ、清正・行長らが渡海するのは翌慶長二年一月であり、吉成もこれに続いて渡海したものと推測される。渡海した吉成は、吉政とともに慶長三年十一月まで在陣することになる。

慶長二年二月二十一日、秀吉は渡海諸将に対して戦略に関する命令を発した（以下、二月令と略）。ここで、秀吉は慶長の役に投入する約一四万人を先手の部隊と倭城在番の部隊に編成した。先手は一番～八番からなり、吉成・吉政父子や日向衆は黒田長政・相良長毎とともに当初は三番に編成されることになっていた。吉成は四月中旬までに吉政が待つ安骨浦に到着しており、秀吉の命令にしたがって長毎がここに合流したことが知られる。しかし、黒田長政は合流しなかったように、二月令における部隊編成と実態との間には乖離が存在した。

在番部隊の場合もまた同様であった。二月令で秀吉は安骨浦に立花宗茂を、加徳に高橋直次・筑紫広門を、金海竹島に小早川秀包を配置する命を下していたが、三月になるとこれら諸将の釜山在番が命じられ、七月中旬渡海の宗茂らが前後して渡海した小早川秀秋を釜山で補佐することになる。こうした経緯によって、吉成・吉政父子と日向衆・相良長毎の諸将は安骨浦に在番していた。

慶長の役における緒戦は七月十五日の巨済島海戦（唐島の戦い）である。安骨浦在番の吉成・吉政父子や日向衆・長毎は巨済島海戦に参加し、番船を鹵獲するなどの戦果をあげた。日本側はこの海戦の勝利を契機としてしばし制海権を掌握することになり、一方、敗北した朝鮮側は水軍の態勢を立て直すべく李舜臣を三道水軍統制使に再任した。

七月下旬、渡海諸将は合議し、先手を次のような左軍・右軍・水軍の三編成とした。これは秀吉自身が二月令で先手の軍事行動については諸将の多数決による決定を認めていたからである。

左軍　宇喜多秀家・蜂須賀家政・生駒一正・小西行長・島津義弘・毛利吉成など

※軍目付—太田一吉・竹中隆重

右軍　毛利秀元・黒田長政・加藤清正・鍋島直茂・長宗我部元親・吉川広家・池田秀雄・中川秀成など

※軍目付—早川長政・垣見一直・熊谷直盛

水軍　藤堂高虎・脇坂安治・加藤嘉明・来島通総・菅達長・同右八など

※軍目付—毛利友重

これら先手の部隊は二月令で秀吉が示した戦略にしたがって軍事行動をとってゆく。その戦略とは全羅道を残らず侵攻し、忠清道などそのほかの地域には状況次第で侵攻すること、こうした侵攻が終了したのち「御仕置の城」つまり倭城の城地を選定し、普請は帰国予定の諸将が担当することであった。慶長の役においては、まず全羅道制圧が目的とされていたのである。

ここで、二月令で任命された軍目付に言及しておきたい。秀吉は釜山在番の小早川秀秋の軍目付に太田一吉、先手の軍目付には毛利重政・竹中隆重・垣見一直・毛利友重・早川長政・熊谷直盛を任じている（なお、重政の病死により、秀秋の軍目付に福原長堯が任じられ、一吉は先手の軍目付になった）。秀吉は軍目付の注進こそを正しいものとするとし、その注進にもとづいて賞罰を決することを宣言した。軍目付らには朝鮮における秀吉の耳目としての活動が期待されていたのである。

軍目付の役割として注目されてきたのは、鼻請取状の発給である。鼻請取状とは、諸将により切り集められた鼻を査収した軍目付がその証明のために諸将宛に発給した文書である。現在のところ、慶長二年八月十六日付から同年十月九日付までの計二八通が確認されている。これらの受給者として知られているのは黒田長政・吉川広家・鍋島勝茂・藤堂高虎の四将のみにもかかわらず、記載された鼻数の合計は二万九六七八（首二つも含む）にもおよぶ。慶長の役における戦場は、凄惨をきわめていたのである。

さて、吉成率いる豊前毛利勢が属した左軍は慶尚道南部を西進して河東にいたり、八月十日頃までに同地で水軍と合流したのち、全羅道南部に侵入し、八月十三〜

十五日に南原の戦いで要地南原を攻略した。その後、左軍は八月中に全羅道北部の全州にいたり、右軍と合流する。全州に終結した両軍の諸将は、同地で八月二十六日に全州会議を開いた。この会議では、次のような部隊再編と戦略が決定された。

①忠清道侵攻にあたり部隊を再編する（当初の部隊編成と区別して〈　〉を付す）。

〈左軍〉宇喜多秀家・蜂須賀家政・生駒一正・小西行長・島津義弘

※いずれも当初の左軍に属していた。

※軍目付―垣見一直・熊谷直盛

〈中軍〉毛利秀元・黒田長政

※両人とも当初の右軍に属していた。

※軍目付―早川長政

〈右軍〉加藤清正・鍋島直茂・長宗我部元親・池田秀雄・中川秀成・毛利吉成

※清正～秀成は当初の右軍に、また吉成は当初の左軍に属していた。

※軍目付―太田一吉・竹中隆重

〈水軍〉当初のとおり。

※軍目付―毛利友重

②忠清道侵攻後、〈右軍〉加藤・〈中軍〉黒田の両勢に〈中軍〉毛利勢のうち二万人を加えた計三万五〇〇〇人は全羅道ではなく慶尚道に直接戻り、加藤清正・黒田長政の「城所」に移動して普請にあたる。また、慶尚道への「罷戻ミち筋」を侵攻してゆく。普請については、慶尚道に駐留している小早川・浅野の両勢も加わる。

③忠清道侵攻後、加藤勢を除く〈右軍〉や〈中軍〉毛利勢の一部（吉川勢）そして〈左軍〉の計七万八七〇〇人は全羅道に戻り、「海陸共ニ撫切」にしてゆく。

④水軍の七〇〇〇余人は忠清道に侵攻せず、全羅道沿岸に進撃してゆく。

⑤全羅道侵攻が終了次第、「御仕置の城」すなわち倭城の普請にとりかかる。

これらの決定は二月令で秀吉が提示した戦略にしたがったもので、そのうち①・③・④がほぼ実施されていた事実を示すのが「高麗陣諸将郡割並ニ陣立人数書出案」であり、この案によれば豊前毛利勢は①にしたがって全羅道茂朱・忠清道沃川に侵攻したと考えられる。

その後、豊前毛利勢は③にしたがって全羅道井邑に移動してゆき、やはり③で全羅道に戻るとされていた他の諸勢も同地に集結する。こうして九月十六日に同地において開かれたのが井邑会議である。この会議では倭城の在番体制と全羅道侵攻に関する計画が決定された。この計画も右の案から復元が可能であり、豊前毛利勢が興徳さらに同福に侵攻する計画があったことが知られる。

この全羅道侵攻において豊前毛利勢や日向衆を指揮したのは、吉成ではなく子息吉政であった。これは井邑会議で決定された次のような倭城の在番体制と関係している。小西行長は当初予定の慶尚道ではなく全羅道の順天に倭城を普請する。釜山の在番者を先に秀吉が指名した立花宗茂から吉成に変更する。これにともない宗茂は島津勢在番の泗川と鍋島勢在番の馬山との間の固城に移動する。変更したのは、釜山が日本からの上陸地であり、秀吉と在陣諸将との間の情報伝達を担うのは若年の宗茂よりも吉成が相応しいと判断されたからであった。

井邑会議の決定により吉成は早々に釜山に向かったと推測され、後述の蔚山の戦いに際しての行動からすると釜山に在番したとみてよい。こうした在番体制との関係で、全羅道侵攻における豊前毛利勢や日向衆の指揮は吉政がとることになった。これは島津勢や鍋島勢の場合も同様で、義弘が泗川に、直茂が馬山に移動したのに対し、それぞれの子息忠恒と勝茂は全羅道侵攻にあたった。

## 三　蔚山の戦い～朝鮮出兵の終結

慶長二年、九月十六日の井邑会議後に吉政率いる豊前毛利勢と日向衆は全羅道に侵攻し、遅くとも十月下旬には慶尚道泗川にいたり、泗川城の普請に携わっていた。十二月二十七日、同城では在番の島津義弘が入城して祝宴が催されていたが、蔚山の戦いの急報が届いた。

慶尚道の蔚山城の普請は完成間近であったものの、十二月二十二日より朝鮮・明軍に包囲され、浅野幸長や加藤清正などが籠城することになった。手勢が泗川城の普請に参加していた吉政自身や日向衆は「固川」―「固城」を「こせん」と表記した例が散見するので、「固川」は「固城」の可能性がある―に在陣しており、島津忠恒を介して急報に接している。

泗川城の普請に携わっていた諸将は蔚山救援のために

蔚山南方の西生浦へ向かい、吉政は日向衆らとともに正月朔日に到着した。一方、父吉成はすでに十二月二十六日に山口宗永と同時に西生浦に到着し、翌日には宗永とともに蔚山の偵察に赴いている。吉政や日向衆の西生浦到着が吉成のそれよりも四日遅れの正月朔日である点、宗永が小早川秀秋の家臣である点、これらも勘案すると吉成は釜山に在番しており、そこから西生浦に急行したとみてよい。泗川城の普請に携わったのは吉政や日向衆などであり、父吉成は諸将の要請に応じて釜山に在番していたと考えて大過ないだろう。

西生浦で合流した吉成と吉政らは蔚山城の後巻に向かうが、その陣容は「毛利壱岐守（吉成）但与力共合四千五百五十」と記されている。「与力」という文言が示すように、やはり吉成は日向衆さらには相良勢に対する指揮権を有していたのであり、また子息吉政はあくまで父吉成の代理としてこれまで指揮権を行使していたのである。蔚山の戦いは、吉成ら救援の諸将が後巻したことで正月四日に終息した。同月十三日頃、浅野幸長は西生浦から釜山に赴いて吉政と雑談したものの、談合のために安骨浦へ出向いていた吉成とは対面できなかった。この時、幸長は吉成に会うために釜山の宿所を訪ねているので、吉成が蔚山の戦い後もしばらく釜山に在番していたことはまちがいない。また、吉政や日向衆らも泗川方面に戻らず釜山にいたと考えてよかろう。

蔚山の戦いにおいて凄惨な籠城戦を目のあたりにした諸将は戦線縮小論に傾くが、秀吉は強硬な姿勢を崩さず、かねてより両者の間に存在した戦況認識のギャップが拡大してゆく。

正月二十二日、秀吉は蔚山の戦いに際して朝鮮・明軍を追撃しなかった鍋島直茂・黒田長政の消極性を叱責しており、ここにもギャップが看取される。同日、秀吉は在陣諸将が加藤清正による蔚山・西生浦両城の維持は不可能であると上申したのに対し、清正を蔚山に配置し、吉成らを西生浦に配置する命令も下している。この時、秀吉が寺沢正成に釜山在番を命じたのは、それまで釜山にいた吉成の移動にともなうものと理解され、この点からも吉成が蔚山の戦い前後において釜山に在番していたことが確認できる。

ギャップを象徴するのは、安骨浦会議の決定である。正月二十二日の秀吉の命令が朝鮮に到着する以前に宇喜多秀家ら諸将は安骨浦会議で戦線縮小策をたて、秀吉に上申した。その内容は、戦線の東端に位置する蔚山城を放棄し、その在番者加藤清正を西生浦在番とする、一方の西端に位置する順天城も放棄し、その在番者小西行長を泗川在番とし、同所の在番者島津義弘らを固城在番とする、また梁山城を放棄し、その在番者黒田長政を亀浦在番とするなど、まさに戦線縮小策であった。なお、秀吉が西生浦への配置を命じていた吉成に関しては、島津義弘と同じ固城に在番するとされていた。この策は戦線維持を命じていた秀吉の逆鱗に触れることになる。

三月十三日、秀吉は諸将を叱責するとともに、固城には小早川秀包・立花宗茂・高橋直次・筑紫広門の四人が在番し、西生浦には先の命令と同様に吉成らが在番するよう命じた。ただし、この時秀吉は梁山から亀浦への撤退は認めている。以後、実際には右の戦線縮小策とも秀吉の命令とも異なる状況が生じ、在番体制に関する秀吉の命令もたびたび変更されるようになる。

三月十八日、秀吉はこれ以前に西生浦の吉成への加勢を命じていた四国衆に対して、釜山の寺沢正成に加勢するよう命じた。これにともない、秀吉は正月二十二日の段階では釜山の寺沢正成に加勢することにしていた安芸毛利勢の一部と小早川勢の一部に対して、西生浦の吉成に加勢するよう命じた。実際、四月二十日頃には、吉成が西生浦に在番しており、小早川勢が交代で加勢する体制がとられていた。こうした吉成らの西生浦在番は秀吉の命令にしたがったものであるが、他方で在陣諸将の戦線縮小策が秀吉の強硬姿勢とは裏腹に実施されていたのも事実である。

そのことを帰国した軍目付の福原長堯・垣見一直・熊谷直盛が五月二日に秀吉に報告した。秀吉は戦線縮小策に与した諸将を譴責したものの、現地の実態を考慮したのであろう、二十日後に在番体制の縮小を認める。

五月二十二日、秀吉は亀浦城の放棄を認め、亀浦在番の黒田長政は西生浦に、西生浦在番の吉成らは釜山「本城」（釜山母城）に、釜山「本城」在番の正成は「丸山」（釜山子城）に移動するよう命じた。以後、吉成・吉政父子や日向衆そして相良長毎は帰国するまで釜山に在番しており、西生浦には長政が在番した。

八月十八日、朝鮮出兵を惹起した秀吉が世を去る。この死を契機として撤兵策が進められるようになり、まずは在陣諸将に釜山への集結が命じられた。これにかかわる八月二十五日付朱印状案は二通あるが、それぞれの吉成らに対する指示は異なっている。一通では、吉成は釜山在番の一組に編成され、日向衆と相良勢については帰朝が指示されている。もう一通では、吉成だけでなく日向衆と相良勢も釜山在番の一組に編成されている。朱印状が秀吉の死を隠したまま作成されたがゆえの混乱とみられるが、後者の指示が選択されたようで、以後も吉成は日向衆や長毎らとともに釜山在番を継続した。

十月になると国内から撤退指示が届き、また下旬には小西行長と明の劉綎との間で和議交渉が開始され、諸将は本格的な撤収を開始する。しかし、行長らは順天城よりの退路を和議に反対した李舜臣率いる朝鮮水軍に遮断されてしまう。泗川から昌善島まで撤退し、合流予定の行長を待っていた島津義弘らは救援に向かった。義弘らは十一月十八日その途次で朝鮮・明の水軍に遭遇し、露梁津の戦いがおこる。

この時、義弘は釜山に援軍を求めた。釜山には西生浦在番の黒田長政と蔚山在番の加藤清正がともに十一月十七日に撤退しており、両者は翌十八日に義弘らの救援に向かう。一方、釜山在番の吉成は守備が手薄になることを危惧して日向衆の島津忠豊を引き留め、自身も救援には向かわなかった。露梁津の戦いは李舜臣も戦死する激戦であり、また朝鮮出兵における最後の戦いとなった。

通説では、吉成は慶長三年十一月二十四日に釜山を出帆し、十二月上旬に博多に到着したとされている。しかし、島津義弘らが何とか十一月二十二日に釜山に到着した際、待っていたのは島津忠豊のみであったとする史料もあり、通説は検討を要する。その義弘は最後まで釜山に残っていた渡海将であり、義弘らの同地出帆は十一月二十五日のことである。ここに、七年におよんだ朝鮮出兵という前近代日本における空前の海外派兵は幕を閉じた。

## おわりに

最後に、倭城見学について助言しておきたい。ほとんどの倭城跡が残存する現在の慶尚南道の人たちは、溌剌として、人なつこくて、とても親切である。幾度か倭城を見学したが、日本人だという理由で批判的な態度をとられたり、不愉快な思いをしたことは一度もない。しかし、壬辰倭乱・丁酉倭乱そして倭城の「倭」が示すように、倭城跡は招かれざる客が残していった負の遺産である。この事実は銘記しておかねばならない。

銘記したうえで、本書を携えて「倭城を歩く」ことをおおいに満喫してもらいたい。本稿とのかかわりでいえば、吉成・吉政父子ら豊前毛利勢が在番した西生浦城跡は是非とも訪ねておきたい倭城跡の一つである。その登り石垣をはじめとする偉容は抜群であり、城跡から眺める日本海（東海）は佳景である。

なお、現地では倭城跡の存在は意外と知られていないので、案内を請うために本書記載の所在地に関する情報をハングルで発音できるように予習しておくこと、またメモを用意しておくことをお薦めする（漢字はまず通用しない）。例えば、西生浦城の場合は「西生浦　ソセンポ　서생포」・「鎮下　チナ　진하」などである。インターネットも活用すれば、さほど手間はかからない。

（津野倫明）

# 倭城とは

中井　均

## はじめに

　天正二〇年（一五九二）三月、豊臣秀吉は一六万もの軍勢を朝鮮半島に出兵させた。文禄の役の勃発である。以後、秀吉の死去による慶長三年（一五九八）の撤兵まで、途中一時期の休戦を挟み六年間におよぶ戦いが繰り広げられることとなった。

　この戦いには数多くの城郭が築城された。なかでも朝鮮半島南岸に築かれたものを倭城と呼んでいる。現在も大韓民国の慶尚南道、全羅南道に約三〇カ所にその城跡が残されている。日本列島に築かれた秀吉の居城は大坂城、聚楽第、伏見城ともに地上にその痕跡をまったく残していない。また、文禄～慶長年間に築かれた日本の城の大半が、その後に大きく改変されており、築城段階の構造を残すものはほとんど残されていない。こうしたなかで朝鮮半島に築かれた倭城は築城段階の構造をほぼ残しており、日本城郭史を検討するうえで重要な資料となるものである。ここでは倭城の歴史と構造について述べたい。

## 一　秀吉の御座所

　秀吉は朝鮮出兵の前年に肥前名護屋を本営と定め、築城を開始する。それまで寒村であった呼子は、軍事都市として、数十万の兵士と、兵を養う商人が堺や京都から大勢集まった。その中心に築かれた名護屋城には五重天守が聳え、山里丸には茶室や能舞台が設けられた。こうした壮大な名護屋城の姿は『肥前名護屋城図屏風』（佐賀県立名護屋城博物館所蔵）からうかがうことができる。

さて、秀吉は当初より自らも朝鮮半島へ渡海する予定であり、そのために壱岐と対馬に秀吉の宿城が築かれた。壱岐の宿城として築かれたのが勝本城で、築城にあたって秀吉は松浦鎮信に対して、「就今度大明国・高麗御動座、於壱岐国、御座所作事普請之事、其方請取之可申付候、然者有馬修理大夫・大村新八郎・五嶋宇久大和守相加、右之作事普請以下儀可之由申聞、入精無由断可申付候也」と申し伝えており、勝本城が秀吉動座のための御座所として造営されたことがわかる。さらに築城にあたっては肥前の大名である有馬晴信、大村喜前、五島純玄が助役として普請の手伝役を命じられている。

肥前名護屋城の天守台

対馬では宗氏の居城である金石城背後に聳える清水山に築かれた清水山城が御座所として築かれた城である可能性が高い。清水山城は一之丸、二之丸、三之丸から構成されているが、一之丸の石垣と二之丸、三之丸の石垣にはその築き方に大きな違いが認められる。一之丸の石垣は扁平の石を垂直に積み上げるもので、対馬独特の石積みの構造を示しており、宗氏が築いたものであることは間違いない。これに対して二之丸、三之丸の石垣は打込接で築かれており、助役として動員された相良長毎、高橋直次、筑紫廣門らによる普請と見られる。

壱岐勝本城が楕円形の単純な構造であるのに対し、清水山城の特徴として竪石垣を導入している点がある。清水山城では一之丸と三之丸を繋ぐ斜面地が二之丸となっているのであるが、その二之丸両側に竪石垣を用いている。こうした構造は朝鮮半島に築かれた倭城に通じるものであり興味深い。

ところで清水山城の一之丸は非常に狭く、とても秀吉の御座所とは考えられない。おそらく対馬における御座所は宗氏の居城である金石城であり、その背後を守るため新たに築かれたのが清水山城だったのであろう。

秀吉は壱岐勝本城、対馬清水山城を御座所として朝鮮半島に渡海し、その後も明への進攻に際して朝鮮半島内での御座所を釜山から平壌間に準備させていたようである。この御座所は繋ぎの城（つたいの城）と呼ばれ、その普請奉行となったのが黒田官兵衛孝高であった。しかし、この半島内での秀吉御座所の位置はわかっていない。おそらく本格的な城郭ではなく、朝鮮半島の邑城を改修して使うつもりだったと考えられる。

## 二　倭城の築城

さて、朝鮮半島に渡海した秀吉軍は当初破竹の勢いで朝鮮半島を北上した。しかし、文禄二年（一五九三）正月には、小西行長の占領する平壌への朝鮮・明軍の大規模な反撃が開始された。平壌の城壁は突破され、城外の牡丹台に構えられた城も落とされ、かろうじて城内北方高台で防戦に努める事態となった。さらに四月の漢城撤収に伴い、加藤清正に宛てた朱印状に、「赤国白国（全羅慶尚両道）令成敗、海手ニ付て取続、御仕置之城々相拵、御人数・兵粮・鉄砲・玉薬、丈夫ニ被入置、年中ニ二度計宛、梁東川（鴨緑江）切ニ押詰、働被仰付候者、高麗人令退屈、御手ニ随候ハてハ不可叶候、」とあり、朝鮮半島南沿岸に御仕置之城を築くよう指令が出される。その結果、五月一日に浅野長政らに宛てた朱印状では、一八の城とその普請担当者が指示されている。さらに五月二十日付の朱印状では、本城十一、端城七と記されており、築城にあたって本城、端城の存在が認められる。こうした指示に従い、晋州城を六月二十九日に落とすと、七月より築城が開始される。こうしてこもかい（熊川）より西生浦に至る慶尚南道に諸城が築かれた。

この間に講和交渉も進められ、朝鮮側は築かれた城と駐屯兵を撤収しない限り講和には応じられないということから、秀吉側は三次におよぶ撤収を準備したものの、講和は決裂し、慶長の役が再発した。慶長二年（一五九七）に至り、全羅道、忠清道にまで戦線が拡散すると、越冬のために新規に八城の築城が開始され、東端は蔚山城から西端は全羅南道の順天城に至った。

こうした慶尚南道から全羅南道にかけて築かれた「御

仕置之城」を現在一般に慶南の倭城と呼んでいる。

## 三　倭城築城の目的

「御仕置之城」以前に築かれた城として小西行長が平壌に築いた牡丹峰がある。この城について、『宣祖実録』には「倭之土窟」「倭賊土窟」などと蔑称で呼んでいるが、実際には堀や石垣、第（櫓）を構え、土塀には狭間も設けられた堅固な城であることが記されている。

見乃梁海戦地

ところで、倭城が築かれた目的については、もちろん戦線の拡大に伴い漢城への補給が困難となり、朝鮮半島南部への撤収を余儀なくされたことが最大の原因となったことはまちがいない。戦争の長期化により兵が駐屯できる城が必要となったわけである。

さらに李舜臣率いる朝鮮の水軍に対する防御も沿岸築城に大きな影響を与えている。文禄の役以来釜山周辺の海上戦で秀吉軍の水軍は李舜臣が指揮する朝鮮水軍に敗れており、補給基地確保としての築城も急務であった。文禄元年（一五九二）七月六日から九日の見乃梁海戦直後に出された指令には「敵番船へ仕懸候事、無用候、からい山（巨済島）ニ城ヲ拵、両人（加藤嘉明・九鬼嘉隆）在城仕、可警固候、」（『加藤嘉明公譜』）とある。翌二年二月から三月には熊浦や安骨浦でも海戦があり、秀吉軍は釜山浦、熊浦の城を改修し、加徳島には新城を築いている。

一方、朝鮮出兵という大きな視野でこうした倭城築城の目的を考えると、秀吉が朝鮮に対して求めた七ヶ条の要求のなかに、朝鮮半島南部四道割譲があり、これが受け入れられれば、秀吉軍の城は、領地支配の拠点として活用する目的があったことはまちがいない。「御仕置之城」という名称も、仕置後を睨んだものであったことを物語っている。

逆に秀吉軍が撤退を余儀なくされた場合、当然朝鮮・

機張港と機張城

明軍が日本に攻め込んでくる可能性がある。それを阻止するためにも国境を九州北辺に設定するのではなく、対馬海峡を取り込んで朝鮮半島南岸を国境とすることにより、朝鮮・明軍の日本への渡海を阻止する目的もあった

西生浦城の登り石垣

のではないだろうか。

## 四　倭城の構造

倭城の立地を見ると、朝鮮半島南沿岸に築かれるという特徴がある。これは築城の目的のひとつである、補給基地としての城郭であることを示している。港湾に城を築くということは港湾を利用するとともにそれを防御することは当然であるが、朝鮮・明軍に港湾を利用させないということも重要な意味を持っていたのである。つまり港湾に城を築くことにより、朝鮮水軍の補給路を絶つこととなったのである。

さらに文禄の築城では亀浦城が、慶長の築城では梁山城が洛東江に沿って築かれている。海岸線より内陸部に築かれたものではあるが、沿岸築城と同じく洛東江沿いの、おそらく川津となるような湊を確保するための築城であったものと考えられる。そして内陸への進軍にあたっては、洛東江沿いに北上することを想定していたものと考えられ、補給線に洛東江を利用しようとしていたものと考えられる。

では具体的に港湾にどのように城を築いたのであろうか。倭城が築かれたのは港湾背後の山頂に築かれているのも共通する特徴となっている。山頂部に主要部を構え、さらに港湾確保を一体化するために山頂部より港湾に向かって長大な登り石垣（竪石垣）が二本延び、両腕で抱え込むように港湾を守っているのである。その典型例が西生浦城である。山頂より伸びる二本の登り石垣には外側に空堀も設けられ、その先端には独立丘があり、石垣が築かれ、出城的構造を示すが、ここが舟入であった可能性が高い。こうした登り石垣は戦国時代の日本の城にはなく、そのため倭城の構築には中国・朝鮮半島の山城の影響を受けたものと考えられたこともあったが、あくまでも山上、山下を一体化して防御するために導入された日本的な築城であることは言うまでもない。

ちなみに倭城の築城には日本の足軽雑兵は無論のこと、渡海した非戦闘員に至るまで動員されたが、朝鮮・明の捕虜や民衆を使役した記録は認められない。もちろん石垣の構築技法も朝鮮の石垣ではなく、文禄・慶長期の日本の石垣と同じ技法であり、技法の面からも朝鮮や中国のものでないことは明らかである。

こうした港湾を確保する倭城の構造の最大の特徴は主

要部が石垣によって築かれている点である。石垣に用いられた石材は基本的には自然石、もしくは粗割り石を用い、石材を積んだ際に生じる隙間には間詰石を詰め、充分な裏込石（栗石）を用いている。こうした打込接による石垣は文禄・慶長年間の日本国内に築かれた城郭の石垣と一致している。ところで石垣の石材であるが、そう遠いところから運ばれたものではなく、築城した山から取り出したものと見られる。金海竹島城では石材を割り取った岩盤が露頭していたり、巨済島の松真浦城では海岸の岩礁から持ち運ばれたようである。

なお、数は極めて少ないが、石材を切り出すために穿たれた矢穴の認められる石材を用いている城もある。順天城では天守台に認められ、金海竹島城や松真浦城では矢穴技法によって切り出された岩盤が点在している。『朝鮮日々記』には「夜すからの人をせめて石をつませ、しろふしんもさらニよの子細ハなし」とあり、夫丸、水主、足軽まで総動員しての石垣普請であった。

一方、城郭にとっての生命線とも言うべき縄張り面の最大の特徴は、郭内に構えられた仕切りの石垣である。倭城以前の日本の城郭では敵の進入を曲輪の塁線や堀、虎口によって防いでいた。そこで塁線の折（横矢）、畝状竪堀群、馬出、枡形といった人工的防御施設が発達する。しかしこうした城壁を突破されると、一気に曲輪内に乱入されてしまう。ところが倭城では虎口内部に進入すると曲輪の塁線から郭内に向けて直角方向に石塁が突出して、曲輪内部を仕切っている。特に熊川城、西生浦城、松真浦城などでは顕著であり、曲輪内を石塁で仕切ることにより、曲輪内部を迷路化している。これは築城当初のものではなく、軍事的緊張状況の下で、改修して設けられた石塁である。

さらに倭城の大きな特徴として、竪堀や横堀が石垣とともに取り入れられていることである。織田・豊臣系城郭では石垣の発達により山城では竪堀や横堀は用いられなくなる。ところが倭城では総石垣で築かれたにもかかわらず、竪堀や横堀が併用されている。例えば熊川城では登り石垣の外側に平行して竪堀が設けられており、西生浦城では数条の竪堀が設けられている。また順天城では外郭ラインに長大な横堀が設けられている。これは戦国時代の土の城の到達点としての防御施設と、織田・豊臣系の石の城が完全に合体したものであり、外地における極度の軍事的緊張のもとにすべての防御施設が併用されたわけである。

　こうした城郭の建物に関しては、明の従軍絵師によって描かれたとみられる『征倭紀功図巻』に、順天城の天守が描かれており、また、櫓や櫓門、さらに二段に穿たれた狭間を持つ土塀なども描かれ、日本の城とまったく同じ建物が建てられていたことが知られる。それらの建物には瓦が葺かれ、城跡にも多量の瓦片が散乱している。しかし散乱する瓦の凸面には青海波文や綾杉文等のタタキ痕が、凹面には布目痕が残されており、朝鮮半島で生

松真浦城海岸の石切場

順天城の長大な横堀

産されたものであることを示している。倭城の建物に朝鮮半島で生産された瓦が葺かれたのは、緊急の築城に間に合わせるためであった。日本から工人を呼び、和瓦を新たに製造するよりも、朝鮮で現地調達した方が合理的であり、建物には朝鮮の瓦が用いられたのであった。

なお、機張城から出土した滴水瓦（軒平瓦）の中心飾りには藤文が施されていた。機張城の普請は黒田長政が担当しており、後に加藤清正が拡張をおこなっている。黒田氏の家紋は藤巴文、加藤氏の家紋は下がり藤文であり、この出土瓦がそのどちらかの藤文であった可能性は高く、日本の特注品瓦も存在したようである。

## 五　倭城の機能差

倭城は港湾確保や駐留兵の駐屯地として築かれた城であったが、そうした中にあっても様々な機能差の存在したことは明らかである。それは文禄二年（一五九三）五月二十日付朱印状に本城、端城と記されていることからも窺うことができる。それらは四類に分類することが可能であろう。

Ⅰ類は倭城の中心となる城である。それは釜山浦城である。釜山浦城は朝鮮出兵当初より半島への上陸の足掛かりとして、さらには物資集積の中心地となる城である。規模も最大であり、釜山浦背後の山頂部に母城を、釜山浦に面する小独立丘に子城を構え、その間に惣構の石塁を巡らせていたものと考えられる。

Ⅱ類は港湾を確保し、拠点となる「御仕置之城」である。蔚山城、西生浦城、林浪浦城、機張城、東莱城、亀浦城、梁山城、金海竹島城、安骨浦城、熊川城、馬山城、固城城、泗川城、南海城、順天城などが、これにあたる。これらの城は山頂部に総石垣の城を構え、登り石垣や竪堀などを備えた大規模な城であり、倭城の主流となるものである。

Ⅲ類は港湾を監視する小規模な城である。巨済島の永登浦城、松真浦城、長門浦城がこれにあたる。いずれもⅡ類同様に山頂に石垣で主要部を構え、そこから海岸へ登り石垣を構えるが、その規模はいたって小規模で、兵が駐屯するスペースはなく、あくまでも少数による守備兵が眼下の海峡を監視する目的で築かれたものである。

Ⅳ類はⅠ・Ⅱ類に付属する端城である。釜山浦城には椎木嶋城、追門口城（出崎端城）が構えられており、熊川城にも二カ所の端城が構えられていた。また、金海竹島城の端城として馬沙城、農所城がある。このうち残存する馬沙城、農所城はほとんど単郭に近く、石垣も櫓台や虎口に数段築かれている程度で、切岸の大部分は石垣を用いていなかったようである。

今後もⅡ類に付属する小規模な端城が見つかる可能性はある。

このように倭城にはそれぞれの機能によって選地、構造、規模に相違のあったことがわかる。

## 六　朝鮮側から見た倭城

朝鮮の著名な儒学者で、捕虜となり日本へ連行された姜沆が著した『看羊録』に日本の城の特徴を捉えた一文がある。要約すると、「倭の城は独立した山の頂を平らにして周囲を削り取り、猿ですら登れないようにしている。その理由は、俯瞰することができるとともに敵に圧力を加えることができるからである」と記している。

一方、秀吉軍の兵士は朝鮮の城を見て、その齟齬を笑わぬ者はなかったとも記している。彼我の築城思想の相違について指摘しており、大変興味深い。実際、秀吉軍は朝鮮の邑城を軍事的には信用しておらず、占領した平壌城や尚州城では、邑城内に新たに日本式の築城をおこなっている。

文禄・慶長の役終結後、朝鮮では国防議論が盛んにおこなわれる。慶尚左道兵馬節度使郭再祐は、蔚山城を「築必守之城、城之堅固、固無比也」と記しており、朝鮮側で倭城の効力が評価されていた。今後は倭城に兵を常駐させることや、朝鮮の城を日本の城に改修することなども王に上啓されたものの、実際には実行されることはなかった。

こうした倭城に対して、朝鮮の城制の本質は「禦暴保民」にあった。三国以来の中原王朝、遊牧騎馬民族など幾多の侵略を受けてきた朝鮮にとって「保民」は単なる儒教国家の信条ではなく、切実な現実問題であった。倭城の「必守之城」という軍事目的のみによる築城思想は、朝鮮半島の「禦暴保民」という民を守る目的に適うものではなかったのである。

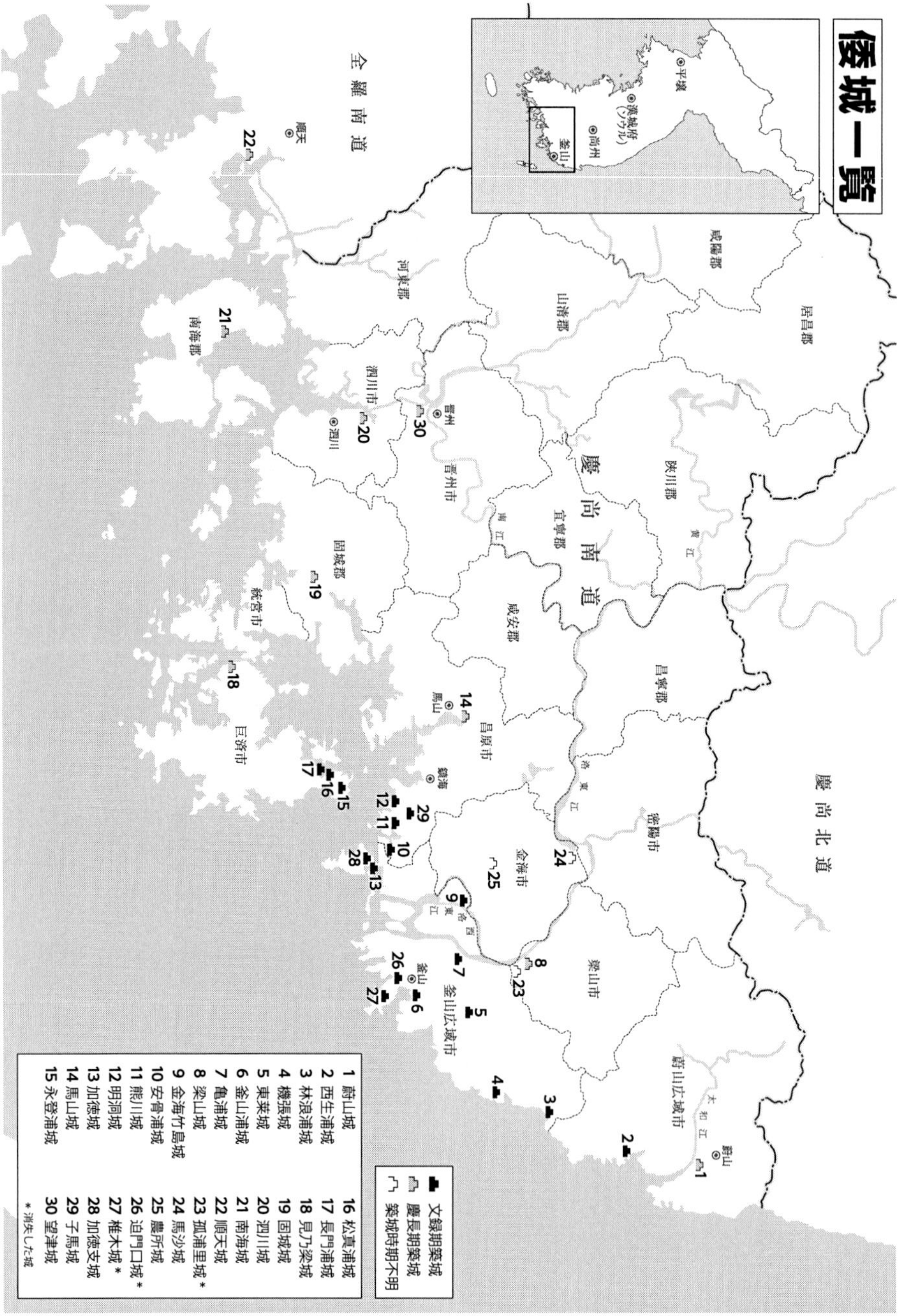
倭城一覧
平壌
漢城府（ソウル）
尚州
釜山
慶尚北道
慶尚南道
全羅南道
咸陽郡
居昌郡
山清郡
河東郡
陝川郡
宜寧郡
晋州市
晋州
泗川市
泗川
南海郡
固城郡
統営市
巨済市
咸安郡
昌寧郡
昌原市
馬山
鎮海
密陽市
金海市
梁山市
釜山広域市
蔚山広域市
蔚山
順天
洛東江
南江
黄江
太和江
文禄期築城
慶長期築城
築城時期不明
1 蔚山城
2 西生浦城
3 林浪浦城
4 機張城
5 東莱城
6 釜山浦城
7 亀浦城
8 梁山城
9 金海竹島城
10 安骨浦城
11 熊川城
12 明洞城
13 加徳城
14 馬山城
15 永登浦城
16 松真浦城
17 長門浦城
18 見乃梁城
19 固城城
20 泗川城
21 南海城
22 順天城
23 孤浦里城＊
24 馬沙城
25 農所城
26 迫門口城＊
27 椎木城＊
28 加徳支城
29 子馬城
30 望津城
＊消失した城

## 倭城一覧表

（未調査地については『慶南研究』9を参考に作成）

| No. | 城名 | 築城時期 | 主な築城者 | 所在地 | 備考 |
|---|---|---|---|---|---|
| 1 | 蔚山城 | 慶長２年 | 加藤清正・毛利秀元・浅野幸長 | 蔚山広域市中区鶴城洞 100（鶴城公園） | 鶴城 |
| 2 | 西生浦城 | 文禄２年 | 加藤清正 | 蔚山広域市蔚州郡西生面西生浦里 711 | |
| 3 | 林浪浦城 | 文禄２年 | 毛利吉成 | 釜山広域市機張郡長安邑林浪里 | |
| 4 | 機張城 | 文禄２年 | 黒田長政 | 釜山広域市機張郡機張邑竹城里山 52-1 | 竹城里倭城、豆毛浦倭城 |
| 5 | 東莱城 | 文禄～慶長 | 吉川広家 | 釜山広域市東莱区漆山洞・安楽洞 | 甑山城 |
| 6 | 釜山浦城（母城） | 文禄元年～文禄２年 | 毛利輝元・毛利秀元 | 釜山広域市東区佐川洞裏山（甑山公園） | |
| | 釜山浦城（子城） | | | 釜山広域市東区凡一洞（子城台公園） | 子城台倭城 |
| 7 | 亀浦城 | 文禄２年 | 小早川隆景 | 釜山広域市北区徳川洞 | 義城、甘同浦城、甘筒城 |
| 8 | 梁山城 | 慶長２年 | 毛利秀元・小早川秀明 | 慶尚南道梁山市勿禁邑曾山里 | 勿禁甑山城 |
| 9 | 金海竹島城 | 文禄２年 | 鍋島直茂・伊達政宗 | 釜山広域市江西区竹林洞 454-5 番地 | |
| 10 | 安骨浦城 | 文禄２年 | 九鬼嘉隆・加藤嘉明・脇坂安治 | 慶尚南道昌原市鎮海区安骨洞山 | |
| 11 | 熊川城 | 文禄２年 | 小早川隆景・上杉景勝・小西行長 | 慶尚南道昌原市鎮海区南門洞南山 | |
| 12 | 明洞城 | 文禄２年か | 宗義智・松浦鎮信か | 慶尚南道昌原市鎮海区明洞 | 小山城？ |
| 13 | 加徳城 | 文禄元年 | 毛利輝元？ | 釜山広域市江西区訥次洞 | 訥次倭城 |
| 14 | 馬山城 | 慶長２年 | 不明 | 慶尚南道昌原市馬山合浦区山湖洞 | 昌原城 |
| 15 | 永登浦城 | 文禄元年 | 島津義弘・忠恒 | 慶尚南道巨済市長木面旧永里 | |
| 16 | 松真浦城 | 文禄２年 | 福島正則・戸田勝隆・長宗我部元親・島津義弘・島津忠恒 | 慶尚南道巨済市長木面松真浦里 | |
| 17 | 長門浦城 | 文禄２年 | 蜂須賀家政 | 慶尚南道巨済市長木面長木里 | |
| 18 | 見乃梁城 | 慶長２年 | 不明 | 慶尚南道巨済市沙等面広里 | 倭城洞城、廣里倭城 |
| 19 | 固城城 | 慶長２年 | 吉川広家 | 慶尚南道固城郡固城邑水南里 | |
| 20 | 泗川城 | 慶長２年 | 長宗我部元親・毛利吉政 | 慶尚南道泗川市龍現面船津里 402 | 泗川船津里倭城 |
| 21 | 南海城 | 慶長２年 | 脇坂安治等？ | 慶尚南道南海郡南海邑船所里 | 船所倭城 |
| 22 | 順天城 | 慶長２年 | 小西行長・宇喜多秀家・藤堂高虎 | 全羅南道順天市海龍面新城里 | |
| 23 | 孤浦里城 | 不明 | 小早川隆景か？ | 慶尚南道梁山市東面架山里 | 消失 |
| 24 | 馬沙城 | 不明 | 鍋島直茂・勝茂 | 慶尚南道金海市生林面馬沙里 | |
| 25 | 農所城 | 不明 | 鍋島直茂・勝茂 | 慶尚南道金海市酒村面農所里山 | 新沓支城、新答城 |
| 26 | 迫門口城 | 文禄２年 | 毛利輝元 | 釜山広域市中区中央洞（龍頭山公園） | 消失 |
| 27 | 椎木城 | 文禄２年 | 毛利輝元 | 釜山広域市影島区東三洞 188 日山峰 | 影島城、東三洞城、椎木嶋城　消失 |
| 28 | 加徳支城 | 文禄２年 | 立花宗茂　等 | 釜山広域市江西区城北洞 | 城北倭城 |
| 29 | 子馬城 | 文禄２年 | 宗義智 | 慶尚南道鎮海市城内洞山 | 甘浦城？ |
| 30 | 望津城 | 慶長２年 | 島津義弘　等 | 慶尚南道晋州市望京洞 | 望晋城 |

# 倭城を歩く

# 1 蔚山城（いさん城）

울산왜성　ウルサンウエソン

所在地　蔚山広域市中区鶴城洞一〇〇（鶴城公園）
築城時期　慶長二年（一五九七）
築城者　加藤清正・毛利秀元・浅野幸長ら
標高　約五〇m
主な遺構　石垣・天守台・虎口
史跡指定　蔚山広域市文化財資料第七号

蔚山市は、現代自動車の主力工場や韓国最大の石油コンビナート・SKエナジーなどの巨大企業が位置する人口約一一〇万人の韓国随一の工業都市である。

城は、海岸より太和江で西方に約一〇㎞遡り、その支流東側との合流点の北西側に位置する標高約五〇mの独立丘陵上に築かれている。最高所に総石垣で囲まれた本丸、北に一段低く二の丸、北西側に突出する部分に三の丸を配す構造であった。普請を担当した浅野幸長と宍戸元続（毛利秀元の属将）の連名で普請目録（「蔚山之御城出来仕目録」『浅野家文書』）が作成されており、城の概要を知ることが出来る。それによると「本丸、二・三の丸の石垣七六六間二尺（約一・四㎞）、居矢倉は大小十二、但し門矢蔵共に塀三五一間二尺（六三二m）、惣構塀は一四三〇間（約二・六㎞）、同間に土手有、本丸・惣構共に柵は一八六四間半、二・三の丸にかぶき門四つ、城中にかりごや大小四つ」とある。原田二郎氏の作成と考えられる「蔚山城ノ防禦」図（埼玉県立博物館蔵）では、城の山麓平野部東側に西部洞城、東側に面す最東端に東部洞城（浅野の出丸）が描かれる。この両城が惣構の範囲であり、東端の東川に臨む標高約二〇mの小丘陵上に位置する東部洞城は、敵方襲来の最前線であると共に、河川ルートを利用した物資搬入口でもあり、河川ルートの安全確保を担う極めて重要な役割が与えられていたと考えられる。

文禄五年（一五九六）、明国勅使との和平交渉が決裂。豊臣秀吉は、朝鮮再出兵を命じることになる。慶長二年（一五九七）豊臣軍の主力を率いる加藤清正は、西生浦城に入り、城の強化・修築を開始。その後、清正は自ら縄

蔚山城天守台北面

張りし、浅野幸長や宍戸元続らと共同で蔚山築城に着手。昼夜問わずの突貫工事で、わずか四〇日程で完成目前となった。そこへ朝鮮・明軍が数万の軍勢で城を包囲し攻め寄せた。守将の浅野幸長と救援に駆けつけた加藤清正らは、未完成の城で籠城の準備が整わない中応戦。惣構を突破され内城に撤退し、連日の攻城戦を耐え忍ぶなか、毛利秀元・黒田長政らの援軍が到着、朝鮮・明軍を大破した。慶長三年、増援を得た朝鮮・明軍は再び城に迫ったが、周到な準備を整えていた清正軍の前に、攻めあぐねたあげく犠牲を広げたため、撤退を余儀なくされている。同年、帰国命令により清正は蔚山城を放棄し、帰国の途についた。

現在、城跡は鶴城公園として市民の憩いの場となっている。ハイキングコースや健康器具が配置され、多くの市民の散歩コースでもある。公園入口は、西側山麓の北端に位置し、そこから三の丸跡へ上がり、三の丸からは旧天守台西側を抜けて本丸へ至るほぼ直線の道が付けられている。かつての城の雄姿を伝える遺構は、本丸に

**蔚山城へのアクセス**

蔚山市外バスターミナルから715番バスで20分、鶴城公園バス停下車、徒歩約５分。または東海南部線太和江駅からタクシーで約10分。

蔚山城本丸北東隅角

残る一部の石垣でしかない。近代までは外郭の堀・土塁、二カ所の出丸が存在していたようである。

本丸北側中央部に残る天守台は、隅角部を中心に石垣がかなり崩れてはいるものの、その規模が判明する。天守台西側の虎口跡、東面中央部に位置する虎口も、その原型を留め、石垣に囲まれた厳重な構造が想定されよう。北虎口は天守台西下が開口し、西に折れると枡形空間があり、直角に東に折れて本丸へと至る複雑な通路となる。天守台と対岸西側にも櫓が存在し、二櫓の間に門が設けられる極めて強固な虎口が想定される。東側虎口も厳重な構造で南北に位置する櫓の間の通路を抜け、西に折れて本丸へと入る構造になる。熊本城の東櫓御門への通路と酷似する。本丸からの眺望は開け、市内を見下ろすことが出来、清正がここに選地した理由が納得出来る。東面南北隅の櫓台が想定される石垣は、残存状況が良好で、隅角部は算木積みとはならず、清正段階の熊本城と同様である。築石部は、大型の長方形の自然石(自然の割石も含む)を用い、長辺側を横位置に積むことを基本とし、隙間には間詰石が充填される。国内に残るこの時期の石垣と同様の積み方で、隅角部や築石部の特徴を見る限り、清正の石積技術が用いられたことが確実である。南側から西側にかけても石垣が確認され、本丸はほぼ一周するように石垣が残る。残念ながら、南側から西側にかけての石垣は、肉眼での確認は出来るものの、樹木や草木によって写真撮影には無理がある。現状を見る限り、石垣自体は旧状を留め、かなり地下に埋没しているようである。正式な調査が実施されれば、本丸の虎口や石垣が本来の姿を取り戻す可能性は高い。二〇〇四年、韓国の地方文化財に指定されてもおり、今後の学術的な調査が待たれる。

（加藤理文）

蔚山城跡測量図（『蔚山倭城・兵営城址』東亜大学校博物館1986）

## 2

# 西生浦城（せっかい城）

서생포왜성　ソセンポウェソン

西生浦城は朝鮮半島南東部の東海岸、蔚山城と機張城の中間に位置した日本海に面した丘陵上にある。築城は秀吉朱印状によると、文禄二年（一五九三）、朝鮮・明軍との講和の時期に、ソウルより撤退してきた加藤清正が築城したといわれている。なお、朝鮮側の史料にも加藤清正が西生浦にいた記録があるので、文禄二年の清正築城は間違いない。文禄三年には朝鮮僧松雲が西生浦城に来た記録があり、層閣（天守？）や金屏風のある大屋（御殿？）のあったことが記されており、本格的な築城であったことが伺われる。文禄四年になると和平交渉の進展に合わせて加藤清正は、西生浦城をでて機張城に入った。慶長元年になると清正の命令違反が問題となり帰国命令が下った。ちなみに、清正が伏見城で秀吉に許しを請うていた最中に地震が起こり、真っ先に城に駆けつけたため許されたという逸話がある。

慶長二年（一五九七）の講和交渉の決裂により、戦端が再開され、朝鮮半島東海岸の拠点城郭は西生浦城と機張城になった。加藤清正も再び朝鮮半島に渡海し、西生浦城に入った。その後西生浦城は浅野幸長が在城し、加藤清正は遠征部隊に編入され、さらに清正は最前線の蔚山城の築城を、浅野幸長や中国勢らとともに取りかかる。完成間近であった蔚山城は朝鮮・明軍に包囲されると、籠城戦となり苦戦を強いられた。年末になると山口宗永、毛利吉成、黒田長政、安国寺恵瓊、竹中重門らが次々と西生浦城に入城し、蔚山城の救援に向かった。

慶長三年になると蔚山籠城戦が終結し、その直後西生浦城には伊東祐兵、高橋元種、島津忠豊、毛利吉成らが入城した。最終的には黒田長政が在城したが、秀吉の死

**所在地**　蔚山広域市蔚州郡西生面西生里七一一
**築城時期**　文禄二年（一五九三）
**築城者**　加藤清正
**標高**　一三三m
**主な遺構**　天守台跡　石垣　土塁　堀
**史跡指定**　蔚山広域市文化財資料第八号

登り石垣南面

と共に長政にも帰国命令が下り廃城となった。

　城の現況は山麓居館が宅地になっている以外、詰めの城は公園となり保存状況はかなりよい。堀や石垣、曲輪部分の雑草も少ないため、たいへん見学しやすい。東海岸の城の中では最も見応えがあり、筆者の見学おすすめベスト三に入れたい名城である。

　城の範囲は山麓居館のある曲輪まで含めると、南北四〇〇m、東西七〇〇mを測る東西に長い広大な城域と

**西生浦城へのアクセス**
蔚山市外バスターミナルから715番バスで1時間30分、鎮下バス停下車、徒歩10分で居館曲輪入口へ。または海雲台バスターミナルから鎮下行バスで2時間。

なる。山上の詰めの城から軍港を有する山麓居館まで囲む登り石垣・土塁、横堀は見事であり、山麓館からの登り石垣の景観には感動させられる。軍港は現在は埋め立てられている山麓居館の北側の入江にあったと思われるが、外洋船の船溜まりは入江よりさらに北側の回夜江河口あったと推定される。

軍港と居館のある曲輪遠景

　まず山麓居館の南西隅の虎口7から入城し、山頂の詰めの城（本丸）をめざして登城したい。途中細長い階段状曲輪のなかをつづら折れ道で登っていくが、現在の登城路がかつての城内道であった可能性が高い。山腹に石垣のある曲輪6があり、その南下に櫓門（大手門）があったと推定される虎口が見えてくる。ここからが、詰めの城の城域となる。

　この大手虎口を入ると城の南端を西へ登り、枡形の虎口1が見えてくる。内部に小さな曲輪5があり、櫓台が存在する。この櫓台より南に向かって枡形の虎口2があり、南方向の城外へ出ることができる。この曲輪5からさらに一回つづら折れ道を登り、櫓門が存在したであろう大きな枡形の虎口3に到達する。この櫓門より内部が本丸となる。

　本丸内部は天守台より東側の曲輪は仕切石垣により分断されており、二つの曲輪を形成している。仕切石垣には喰い違いの虎口4があり、東の曲輪3を二の丸ともいう。さらに天守台南側下の枡形虎口を通過し、多聞櫓に囲まれた厳重な防御が施された曲輪1に到達し、この曲輪が城の最西端となる。天守台南側には南方の城外に出られる枡形の虎口5がある。この枡形の虎口5は内部の石垣を延長した時期、虎口を石垣により閉鎖した時期の二時期の改修が見て取れる。天守台西側下にも多聞櫓に接続した櫓門の存在したであろう大きな枡形の虎口6が存在し、こちらも石垣で閉鎖されている改修が認められる。天守台北側も拡張されており、天守の改築ないしこの部分に塀か多聞櫓などの施設を追加した改修が見られる。天守台の出入口も東面にあったものを、南側に突き出した石垣の東面に石段を設けて付け替えられている。このように、本丸では西側からの敵兵の侵入に備えた、最低二時期の改修について確認したい。改修時期については、虎口を閉鎖してまで防禦しようとした緊張関係のあった時期として、蔚山籠城戦直後が考えられる。そうすると、慶長三年の毛利吉成か黒田長政による改修とみられる。

瓦の採集地点は城域全体から出土し、特に天守台付近から多く出土するため、詰めの城内の天守を始めとした櫓、門には瓦葺建物があったのは確実であろう。さらには、本丸以外でも櫓や門に瓦葺建物が採用されていた可能性もあり、瓦の散布状況も確認しながら見学をすることも楽しい。なお瓦や陶磁器の破片は韓国の貴重な文化財であるため、採集して持ち帰ることはできない。

次に城の外側を防禦する堀や石垣について見学したい。城の外側の見学は見学路が整備されていないので、慎重に立ち入りたい。石

本丸南虎口５閉塞状況東より

本丸南虎口５石垣拡張部分

天守台西より

垣が崩れている場所や、斜面の急な場所など危険な場所については立ち入らないで、遠くから見学をすることをお勧めする。

城の防禦の最重要箇所である本丸西端の石垣の外側には幅三〇mはある大堀切がある。この堀切は堀底から石垣を立ち上げない土造りの空堀で、石垣は堀の上端と見られる途中から積み上げられている。国内の織豊系城郭の堀とは異なり、堀全体を石垣で補強することはない。この構築方法は、城全体を囲い込む東西面の横堀と組み合わせて防御施設となる登り石垣も、石垣を堀底から立ち上げてはいない。つまり、空堀の土の法面と曲輪の石垣の法面を組み合わせて防御することにより、短期間に効率の良い防禦施設を構築したものと考えられる。その理由については、さらに本書「倭城の堀」にて考察しているので参考にしてもらいたい。

横堀の底に立つと意外と浅く感じるのであるが、その外側には横堀を掘った際の残土を積み上げた土塁が構築され、堀の深さを増している工夫を確認したい。堀の外側から攻めてきた敵兵は、この土塁をまず越えなければいけない。次に堀底に侵入できても石垣をよじ登らなければ、曲輪内部に侵入できないことが、横堀と石垣で守られた曲輪から良くわかるのである。

さて、西生浦城には倭城としては珍しい竪堀が確認できる。それは城の南面では曲輪5の西側に三本連なった竪堀、城の北面では曲輪4の北側に竪堀と竪土塁が配置されている。この竪堀は南北ほぼ同じ位置の斜面にあるため、西からの尾根筋から攻めてきた敵兵が、南と北斜面をさらに東へと侵入することを防ぐための防衛ラインとしていた施設である。さらに、小さな曲輪4と5はこの竪堀ラインを防禦するための重要な曲輪であったことを確認してもらいたい。曲輪4・5と大手門の間は斜面で兵力を入れる曲輪がないため、南北斜面から攻めてくる敵兵に対する弱点となっている。ここからの敵の侵入を許すわけにはいかないので、二重の横堀を配置して防禦を固めていることがわかる。

本丸の石垣

ここまでの曲輪に、西尾根筋から攻めてくると予想された敵兵の侵入を防ぐための絶対防衛の施設が幾重にも施されていることがわかる。これより東へ降っていくと、一本の横堀と登り石垣の防禦ラインとなる。山麓居館北面の入江部分には横堀がなく、軍港が想定される東半部分には石垣すらない。山麓居館の内部は住宅地になっており、詳細な構造は分からないが、三つの虎口と石垣が明瞭に存在し、見学の際見逃せない場所となっている。とくに、虎口7には多門櫓があったと思われる櫓台があり、ここからの登り石垣が最も見応えがある。虎口8は道路が走っているため石垣の一部が壊されているが、内枡形状の虎口となっており、ここに居館の重要な門があったと推定される。東面の石垣も残っており、一部突出した部分は外洋に対する見張所の施設が存在していた

本丸北側横堀

のであろう。

このように西生浦城は、加藤清正が最初に築城した拠点城郭として保存状況が極めてよい。日本国内の織豊系城郭の構造は城の中心に天守のある御殿があるのに対して、西生浦城は防御の最前線の曲輪に、御殿のない天守台がある本丸になっている点が大きく異なる。詰めの城が地域支配のため見せる城というより、山麓居館（御殿）と軍港を守るための陣城的な性格が強いと言われる所以である。しかしながら、天守を備えていた点、土の空堀だけでなく石垣を組み合わせていた点は、日本国内で織豊系大名が築城した陣城とは異なる特徴であるため、戦闘的な城という視点だけでは理解できない。やはり、朝鮮半島南部を恒常的に支配しようとした豊臣秀吉が命じた見せる城としての一面を持っていたことを、見学者も現地で考えを巡らしてほしい。

加藤清正は東海岸に西生浦城、機張城、蔚山城など主要拠点城郭を次々に築城したが、残されている城の中では最も規模が大きく保存状況がよい。清正の築城技術を知ってもらううえで、必ず見学してもらいたい城である。

（松井一明）

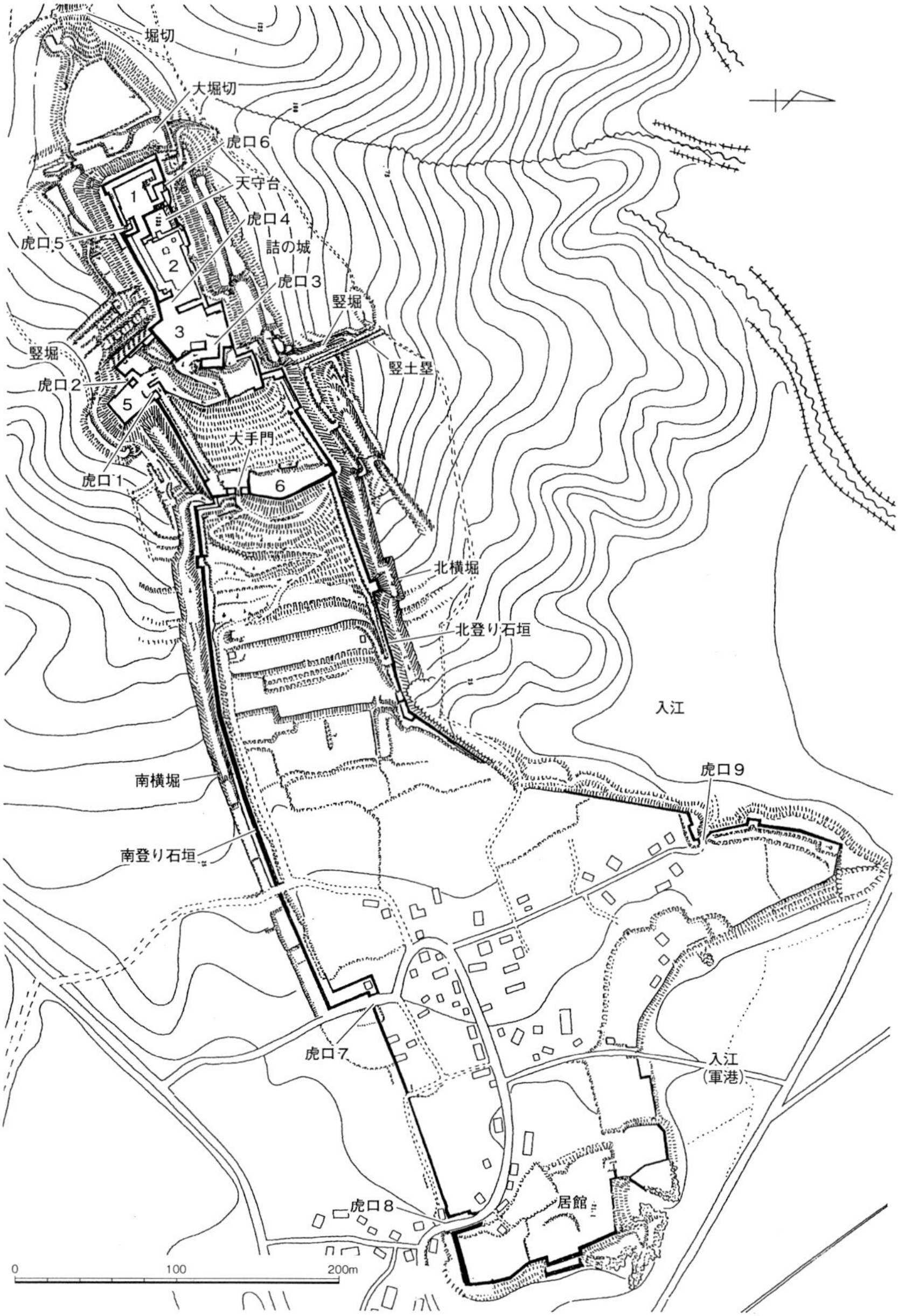


西生浦城跡概要図（作図：髙田徹）

## 3
# 林浪浦城（せいぐはん城）
임랑포왜성　イムランポウェソン

| | |
|---|---|
| 所在地 | 釜山広域市機張郡長安邑林浪里 |
| 築城時期 | 文禄二年（一五九三） |
| 築城者 | 毛利吉成ほか |
| 標高 | 七〇m |
| 主な遺構 | 天守台跡　石垣　土塁　堀 |
| 史跡指定 | 未指定 |

林浪浦城跡は朝鮮半島南東部の東海岸、北から蔚山城、西生浦城が築城され、西生浦城と機張城の中間に位置し、日本海に面した丘陵上にある。築城は文禄二年（一五九三）、朝鮮・明軍との講和の時期、補給路確保のための軍港防備を目的として築城されたと思われる。築城者は毛利吉成を初めとし島津豊久、伊東祐兵、高橋元種ら九州の諸大名といわれている。

その後の林浪浦城についての記録はないため、慶長二年（一五九七）の講和交渉の決裂により、戦端が再開された後は、朝鮮半島東海岸の拠点城郭は西生浦城と機張城となり改修が進み、最終的には最前線の蔚山城の築城と籠城戦となるのである。つまり林浪浦城の使用期間は文禄二年〜三年の極めて短期間と考えられるのである。

近年の山林火災のため、石垣は焼けただれ、消火のための進入路造成により遺構の一部が破壊されている。また、山麓館も一部は発掘調査はなされたものの、ほとんど破壊されてしまったことは残念である。

城の範囲は山麓館部分まで含めると、南北五〇〇m、東西二〇〇mを測る南北にながい城域となる。山上の詰めの城から軍港を有する山麓館まで囲む登り石垣・土塁、横堀は確認できないため、慶長二年に改修された西生浦や機張城の構造とは異なり、文禄二年築城の倭城の姿を留めているとも考えられる。

山麓館からの登城路は分からないが、本丸南西隅、二の曲輪と本丸を結ぶ虎口2、三の曲輪南西端に枡形の虎口4が存在し、本丸虎口が大手と見られる。天守台は本丸北東隅にあり、山麓館からの見せる天守というより北尾根筋からの敵共の浸入に備えた位置にある。とくに、

林浪浦城遠景

本丸虎口１には石垣上に櫓台があったと推定される。天守台や虎口付近に瓦の散布は現状では認められないが、山麓館の発掘調査で朝鮮式の瓦窯が見つかっているので、城内での瓦葺建物の存在が指摘されている。

敵の侵入が予想される北尾根筋と東尾根筋に幅二〇ｍの大規模な堀切がある。本丸、二の曲輪、三の曲輪の周囲には石垣があるが、石垣直下には横堀はないので、西生浦城や機張城の横堀配置とは異なる構造を示している。

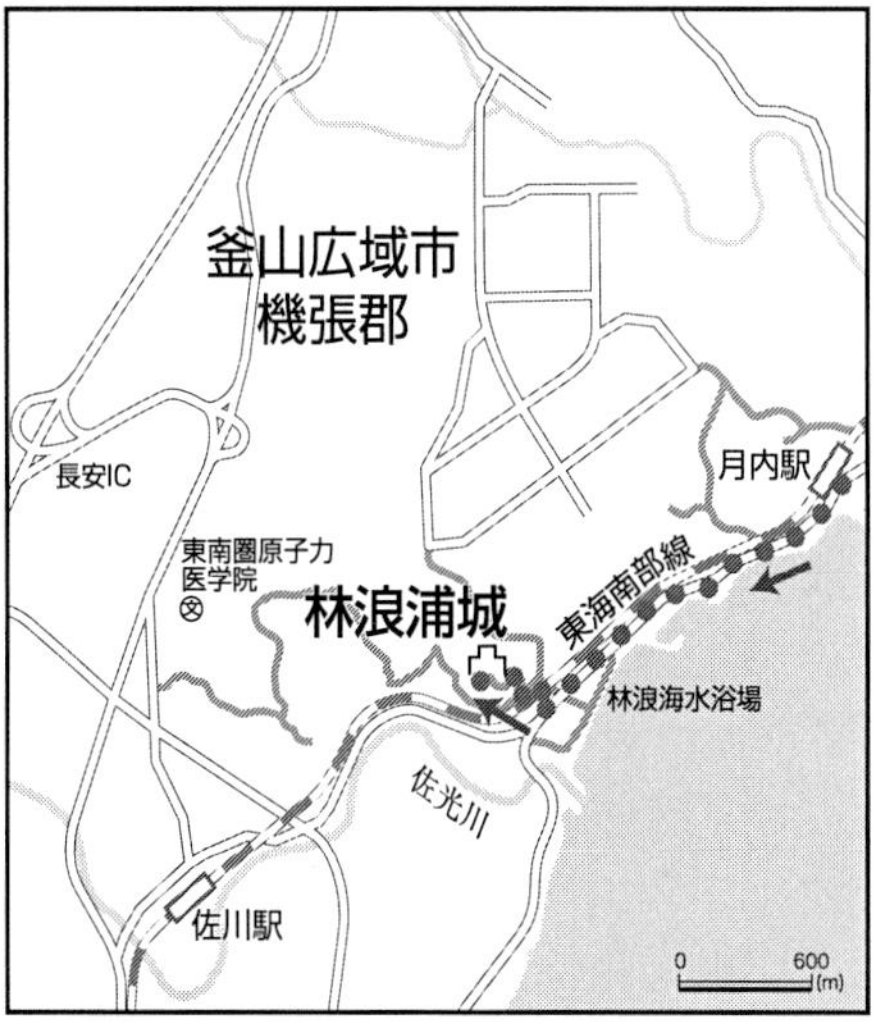


**林浪浦城へのアクセス**

東海南部線月内駅、佐川駅から徒歩30分で登城口。または機張市場からバス3番で林浪海水浴場下車、徒歩10分。

林浪浦城天守石垣

北尾根筋をしばらく行った場所に、畝状竪堀の存在が指摘されているが、自然地形で城郭の遺構には見えない。

山麓館の発掘調査では、低い石垣を伴う階段状の曲輪が確認され、内部より掘立柱建物、方形竪穴、瓦窯などの遺構が発見された。石垣は曲輪の段を保護するためのものであり、恒常的な礎石建物や櫓台、門などはなく臨時に造られた中世城郭の遺構と何ら変わらない。詰めの城から山麓館を取り囲む施設がないことと合わせると、文禄二年、臨時に築城され慶長二年に改修を受けていない倭城の姿を示しているとも思われる。

雑草が生い茂り山火事の被害箇所もあるが、天守台の保存状態はよく石垣もよく見えるため、朝鮮半島東岸の倭城のなかで、西生浦城や機張城と比較するうえで見学したい城である。なお、見学する際のルートである丘陵中腹に民家があるため、立ち入りの際にはことわりが必要である。

（松井一明）

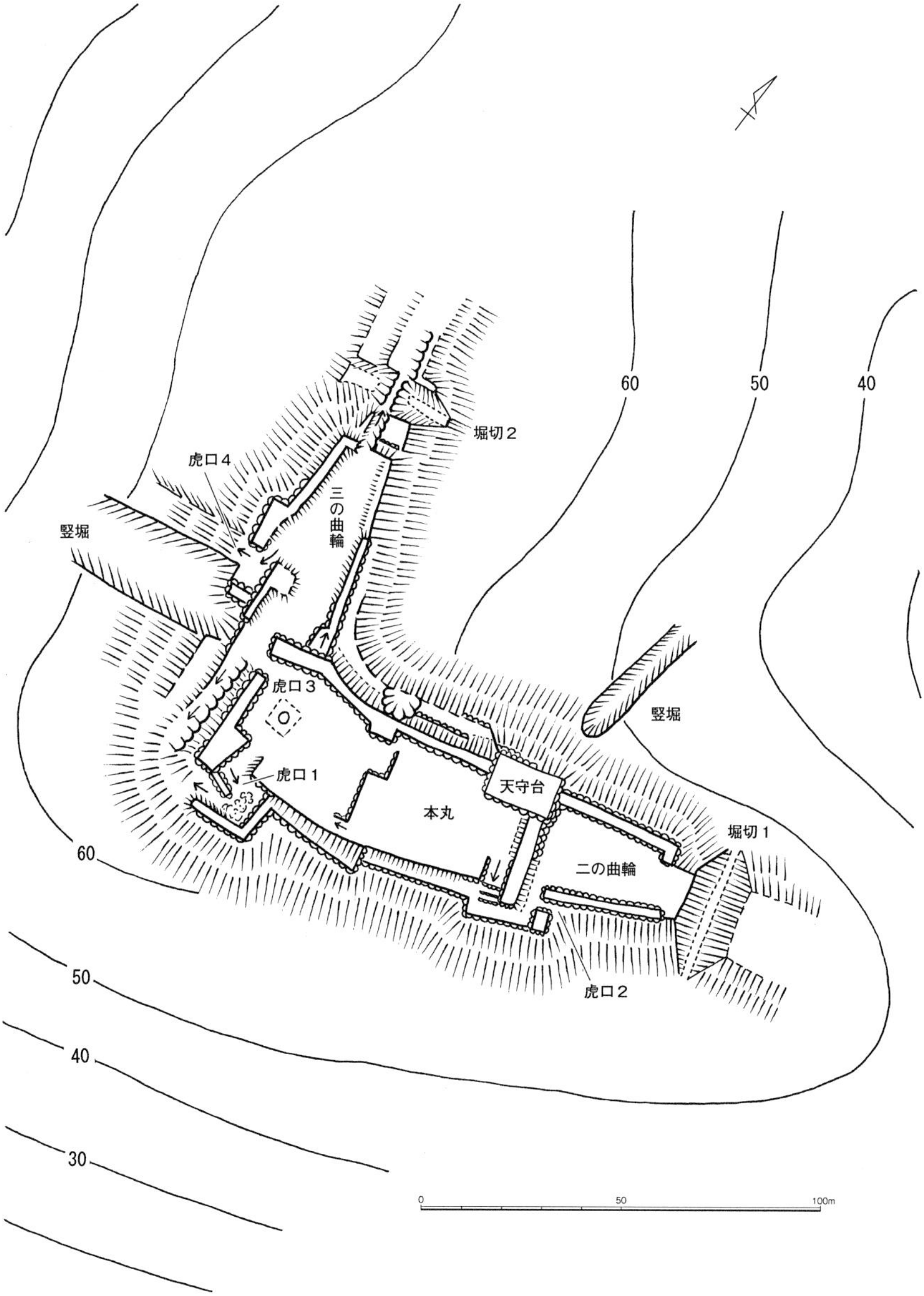


林浪浦城跡概要図（作図：中井均）

# 4
# 機張城（くちゃん城）
## 기장왜성　ギジャンウェソン

**所在地**　釜山市広域市機張郡機張邑竹城里山五二―一
**築城時期**　文禄二年（一五九三）
**築城者**　黒田長政
**標高**　六五m
**主な遺構**　天守台跡　石垣　土塁　堀
**史跡指定**　釜山市広域市記念物第四八号

機張城は朝鮮半島南東部の東海岸、北から蔚山城、西生浦城、林浪浦城に続いて一番南端に位置し、清江川河口南岸の低丘陵上にある。河口には現在竹城港（豆毛浦）があり、当時も水軍の軍港として機能していたと思われる。また、釜山・東莱から蔚山への陸上交通の中間地にあたる要衝地でもあり、実際加藤清正らの漢城へ至る北上作戦の通過地点でもあった。

本城が最初に文献に現れるのは、『島津家文書』の豊臣秀吉朱印状に、文禄二年の晋州城攻めの際に、当城の守備を元尼子勝久家臣の亀井茲矩に命じているのが初見である。さらに、『朝鮮都引取朱印状』や『黒田家譜』などによると、文禄二年（一五九三）に黒田甲斐守（長政）が在番していたと記録されているので、本城は亀井茲矩が布陣した城の場所に、長政が新たに築城したと思われる。なお、亀井茲矩の城については、長政の在城時期と比較すると茲矩の布陣が極めて短期間であるため、朝鮮水軍の基地を再利用しただけともわれており、本稿では築城者を黒田長政とした。また、『駒井日記』によると文禄三年には長政の父黒田孝高（如水）も在城していたことが判明しており、本城の築城に孝高が関係していた可能性も指摘されている。

文禄三年、朝鮮・明軍との休戦が実現すると長政は帰国し、この地を守備していた相良長毎や伊藤祐兵らが本城に在番していたと思われる記録がある。その後、明との講和交渉中の文禄四年には、西生浦城、林浪浦城を主城としていた加藤清正が、釜山に近い本城に注目し、大規模な改修を始め、ほぼ現在見られる城の姿にしたと考えられている。しかしながら、清正が慶長元年

（一五九六）に帰国すると本城も一時的に廃されたと見られる。

　再び本城の重要性が高まるのは、慶長二年講和交渉の決裂により、戦端が再開された時期となる。朝鮮半島南東部を守備していた加藤清正は、主城とすべく蔚山城の普請を始めるが、完成までは本城や西生浦城にいた記録がある。ところが、蔚山城が完成する間際の慶長二年十二月、突如朝鮮・明軍が蔚山城を取り囲んだため、清正は急遽入城し籠城戦となった。翌年の一月になると兵糧のない蔚山城の加藤軍は、飢餓状態になり開城間近と思われたが、毛利秀元らの援軍が到着し敗戦を免れた。ちなみに、築城者の黒田長政はこの時期、加藤清正と同

竹城港より見た機張城（東より）

**機張城へのアクセス**

東海南部線機張駅下車、機張駅から6番バスで20分、竹城小学校バス停下車、徒歩5分。

様に最前線の拠点城郭の一つである梁山城の普請をしていた。その後、釜山から遠く前線から突出した蔚山城は、慶長三年十一月に廃城とされ、本城もこの時期に併せて廃されたと考えられている。

城の範囲は南北七〇〇m、東西五〇〇mを測る南北にながい城域となる。清江川河口の豆毛浦の軍港を取り囲むように城域が設定されているのは、西生浦城などの大方の倭城と同じ構造をなしている。城は東西方向の小さな谷を挟んで南と北の丘陵上にあり、主郭は南の丘陵上、北郭は東西に延びた舌状丘陵上に立地する。

機張城曲輪南竪堀

道路から見学用階段が設置されており、容易に本丸まで登ることができる。この階段は主郭南東隅の登り石垣・土塁とそれに敷設された長大な竪堀に併行して設けられている。階段を登り切ると本丸西側の曲輪3の南の虎口1に至る。この虎口は枡形ではないが、主郭外から登り石垣上をコの字状に登らせ、右に小さな櫓台をもつ実戦的な虎口である。この曲輪3からL字状になる登り口があり、その先に本丸の中に至る喰い違いの虎口2がある。この虎口2の両側には櫓台があり、櫓門があった可能性がある。さらに曲輪3からは、本丸南側の帯曲輪を経由し、本丸西側の曲輪2に入ることができる。

位置関係から見るとこの登城路は軍港からより遠い城内道ルートであるため、大手の城内道ルートはむしろ主郭の北側にあったと見るべきであろう。本丸の北辺には、櫓門がありそうな平虎口3があり、さらにコの字状に折れ曲った城内道が、本丸北側の曲輪4に降っている。この曲輪4には、さらに北側の曲輪6に至る虎口4と、東の曲輪5に至る二つの虎口5があり、重要な曲輪である

機張城天守台西より

ことが分かる。ただし、現況で見る限り曲輪4からは曲輪2へ行くことはできないようにしているため、曲輪2と6が主郭を守る最前線の曲輪であったことが分かる。

　これらの主郭を守る曲輪群はすべて石垣により防御を固めている。石垣は自然石に近い割石を積み、間詰石も多用し、隅角部も典型的な算木積みにならない乱雑な積方で、一見すると古い特徴を示している。加工度の少ない割石を使用した理由は、国外の城の普請であることから、石積みの丁寧さよりも、短期間で石垣普請をすることを優先したためと考えられる。

　次に本丸内部の様子を説明しておこう。南西隅には天守台があり、東側には天守入口をかねた長方形の多聞櫓台が取り付いている。本丸大手門の西側、北西隅にも多聞櫓が想定される櫓台があり、南東隅の櫓門とも合わせると、港と反対方向に天守や主要櫓を配置していることが分かる。すなわち、天守台は城下や兵の駐屯地、軍港からの眺望というより、西側からの敵兵が攻めてくると予想される方面に配置していることは明白で、日本国内の織豊系城郭の見せるための城というより、より実戦的な天守と櫓の配置であったことが読み取れる。これらの櫓台や門、天守台直下からは朝鮮式の瓦が散布していることから、これらの建物は瓦葺であったことが分かる。

　主郭の防衛ラインは、西面の石垣直下に幅二〇m近い空堀1を南斜面まで巡らしている。さらにその外側にも同規模の空堀2を西側に突出するように弧を描いて巡らし、北郭の西堀に接続させ、西方面からの敵兵に対する防御を固めている。さらに南から進入してくる敵兵に対しては、最初に見学した南東隅の竪堀と登り石垣・竪土

機張城曲輪西横堀

塁で、軍港や居館に敵兵を入らせないように二重の防御を施している。

　つぎに北郭に行ってみよう。北郭は曲輪というより、東西方向の幅の狭い舌状丘陵上に石垣をもつ土塁を配した防衛ラインを形成した巨大な石塁とでもいえる曲輪群である。一番要となる西端には多聞櫓があったと想定される櫓台があり、その直下には主郭西側を防御した空堀2が延びてきている。この空堀2は櫓台以北では幅を減ずるが続いて延びているため、北に延びた舌状丘陵も防衛ラインに組み込まれていた曲輪群であった可能性があるが、現状では石垣・土塁は確認できない。

　西端の櫓台から東側には一部石垣のない土塁が続き、途中から石垣のある土塁に変わるが、この部分が当初から石垣のない部分なのか分からない。南端には北側に突出するような長方形の曲輪7がある。その下の平坦地にも石垣があるが、これは朝鮮時代の邑城の石垣と見られている。北面には空堀がないので、西面の防衛ラインと比べると脆弱にみえるが、北側平坦地が邑城で改変されているため、当初から空堀がなかったのかは分からない。北側に延びた丘陵地の問題と併せて発掘調査で確かめたい場所でもある。

　本城は黒田長政が築城者であるが、構造的には西生浦城とよく似た構造で、主郭の大部分、北郭の築造など加藤清正が改修した姿を留めていると見られる。雑草が生い茂る部分もあるが、保存状態はよく石垣も見えるため、朝鮮半島東岸の倭城としては西生浦城とならんで必ず見学したい城である。なお、北郭は民地になっているため立ち入りには注意が必要である。

（松井一明）

機張城跡概要図（作図：高田徹）

## 5

# 東莱城（とくねぎ城）

동래왜성　トンネウェソン

| | |
|---|---|
| **所在地** | 釜山広域市東莱区漆山洞・安楽洞 |
| **築城時期** | 文禄～慶長年間 |
| **築城者** | 吉川広家 |
| **標高** | 一〇六m |
| **主な遺構** | 曲輪・堀切 |
| **史跡指定** | 未指定 |

釜山の市街地、東莱区の小高い丘陵に位置する東莱城は、元々、古代伽耶の福泉洞古墳群のある丘陵として有名で、また朝鮮王朝時代・世宗二十八年（一四四六）に築かれた東莱邑城に含まれる地域にあたる。

東莱邑城は、文禄・慶長の役の際に、豊臣軍に占領され、倭城が築かれたこともあり、それを契機に放置されていたが、英祖七年（一七三一）に大々的に改修が加えられ、邑城として機能した。現在も、福泉洞博物館の近くには、城壁や城門が見事に復元され、小高い丘陵上を、城壁が巡り、要所には将台が築かれていたことが分かるようになっている。

東莱の倭城は、吉川広家が築城・守備したとされ、現在、復元された東莱邑城の東将台がある丘陵の頂部（標高一〇六m）を中心として、そこから東南側の斜面一帯に城域が広がっていたとみられる。ここからは、東莱の市街はもとより、海雲台、機張、亀浦といった豊臣軍における重要拠点を見渡すことができた。

また、一七四〇年に記された『東莱府誌』には、倭人が城を築いて守備した「甑山」として登場するが、半ば壊されてしまっているとあり、倭城の主要部分は既に消滅している可能性が考えられる。

現在、東将台を含む残された城の中心地は、忠烈祠の敷地となっており、冬期～春期には、山火事防止の厳重な警備の下、立ち入りが厳しく制限されているため、なかなか好条件で城域を見学することができない。しかしながら、東将台のある平坦面の北側、東莱邑城の城壁ラインに直交する形で、幅五m以上の非常に大規模な竪堀を二本確認することができる（写真）。ここは年中立ち

倭城の竪堀遺構

入ることができる箇所であり、東莱倭城の現在唯一確実に見学のできる防御遺構といえよう。東将台のある曲輪より北側の尾根上からの敵の侵入を防ぐために築かれたものとみられる。

このように、現在の東莱倭城は多くの部分が不明なままに失われてしまい、なかなか状況を読み取ることができないが、この東莱倭城を昭和初期に測量した図面が九州大学に残されている(写真)。

**東莱城へのアクセス**
釜山地下鉄4号線、楽民駅下車、北へ徒歩20分。

その図には、はっきりと邑城の城壁に直交に切られる形で二本の竪堀も描かれている。また、冬期は立ち入れない場所であってもフェンス越しに平坦面が見られ、図面で描かれているとおりに展開しているようである。

以上のことから、今後詳細な縄張り図を作図していくことによって、この城の現状を把握していくことができるものとみられる。

ただ、昭和の絵図に描かれた曲輪全てが残存しているわけではなく、さらに南側の麓に展開している曲輪群は既に失われている可能性も考えられる。

現在地下鉄寿安駅構内の一角には、東莱邑城の展示コーナーがあり、地下鉄工事の際に発掘調査された東莱邑城の城壁と濠の遺構展示等のほか、邑城の復元模型などもあり、倭城の位置もそれで視覚的に知ることができ、併せて見学をお勧めする。

（岡寺　良）

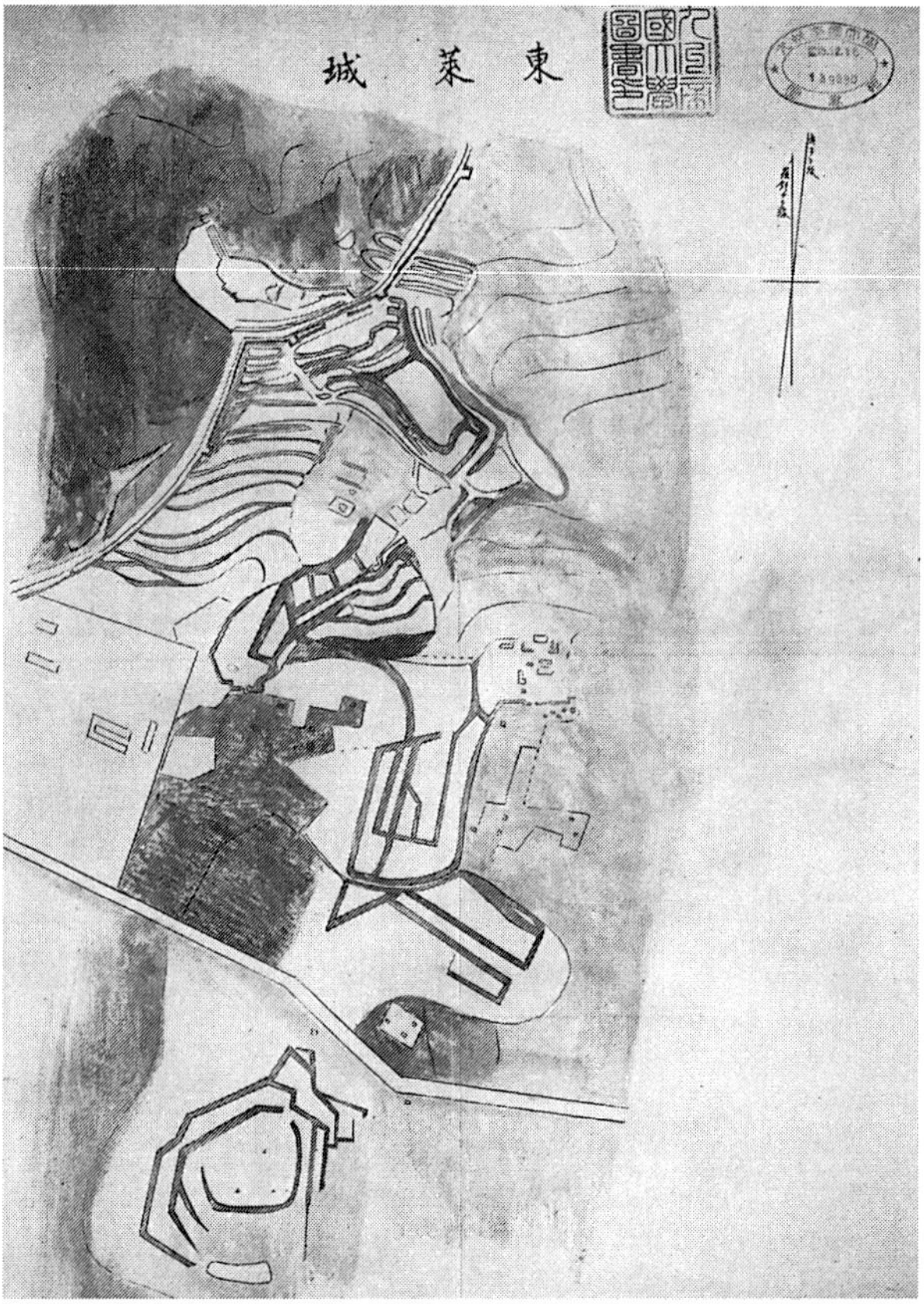

東莱城図
（「倭城址図」九州大学附属図書館付設記録資料館（九州文化史資料部門所蔵）

Column

# 消えた倭城　孤浦里城

中井　均

　一九九一年、梁山城跡よりの帰路、孤浦村にも倭城跡が残されているという情報を得たので、立ち寄ってみると、実際に日本式の石垣が残されていた。これが孤浦里城、孤浦城と呼ばれる城跡であった。その築城は文禄二年（一五九三）なのか、慶長二年（一五九七）なのかも不明で、普請、在番の大名もわかっていない。いわば謎の倭城である。

1991年に撮影した孤浦里城の石垣

孤浦里城から洛東江・梁山城を望む（1991年撮影）

　しかし、九州大学が所蔵する「倭城址図」には「孤浦里城址」図がある。九大図は戦前に軍人が調査し、作図したものであり、そこに倭城として取り上げられているのである。

　ところで、一九九一年の調査では偶然に立ち寄っただけで時間的にも制限があるなかでの調査であり、城跡の全域を踏査することができなかった。

　そこで二〇一二年の調査対象の倭城として孤浦里城跡に向かった。昔の記憶を頼りに現地に着いて驚いた。城跡が釜山の地下鉄の巨大な車両基地となっていたのである。近辺をくまなく探ったが、城跡の痕跡は一切残されていなかった。帰国後、九大図と照合した孤浦里城跡は城域のごく一部だったので、まだ高所の部分は車両基地の上部の丘陵地に残されているのではないかと思い、翌二〇一三年に再度踏査をおこなったのであるがやはり遺構は残されていなかった。

その後、釜山市立博物館の羅東旭先生とお会いする機会があり、孤浦里城跡についてお尋ねしたところ、やはり地下鉄の湖浦車両基地建設によって全壊したとのことである。さらにこの工事に関して釜山市博物館にも連絡がなく、発掘調査もされることなく消滅してしまったとのことである。韓国内では倭城への関心が低い時代のことであり、図面や写真もまったく残されていない。まさに消えた倭城である。

九大図による孤浦里城跡は巨大な

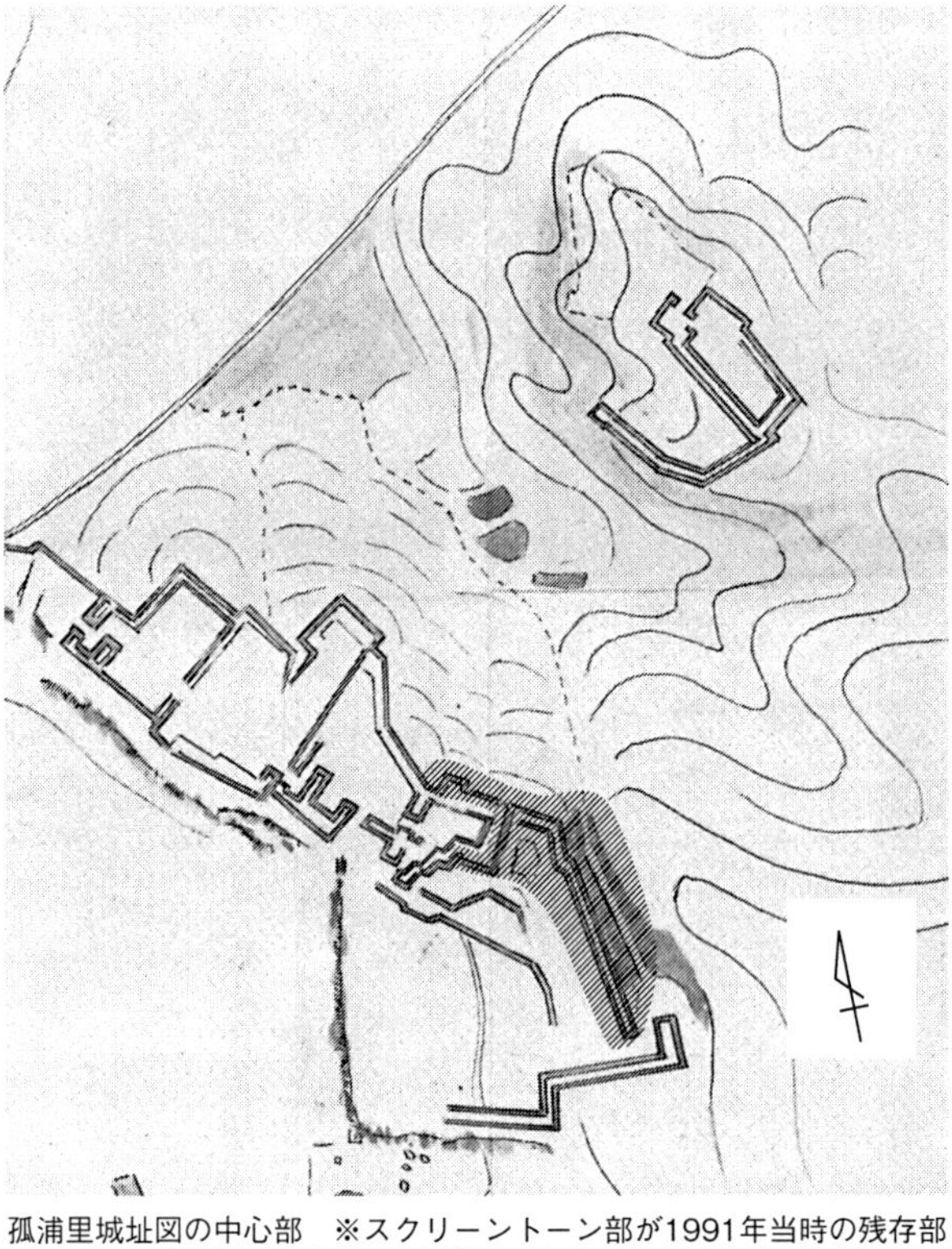

孤浦里城址図の中心部　※スクリーントーン部が1991年当時の残存部
（「倭城址図」九州大学附属図書館付設記録資料館九州文化史資料部門所蔵）

城郭であり、亀浦城の端城とは考え難い（孤浦里城を「かとかい（亀浦）の端域」に比定する説もある）。おそらく洛東江沿いに構えられた孤浦里城は亀浦城より北上する拠点として築城されたのではないだろうか。

　その重要度と遺構の残存状況の良さゆえ軍が踏査し、作図したことはまちがいない。私が当時急いで作図した図面は見事に九大図と一致している。つまり九大図の孤浦里城跡の全体図は極めて正確に製作されたものであることがわかる。失われてしまったが、孤浦里城跡の構造は九大図によってうかがい知ることができるのである。

　ここでは一九九一年に撮影した写真と当時現地で作図した踏査図を紹介しておきたい。

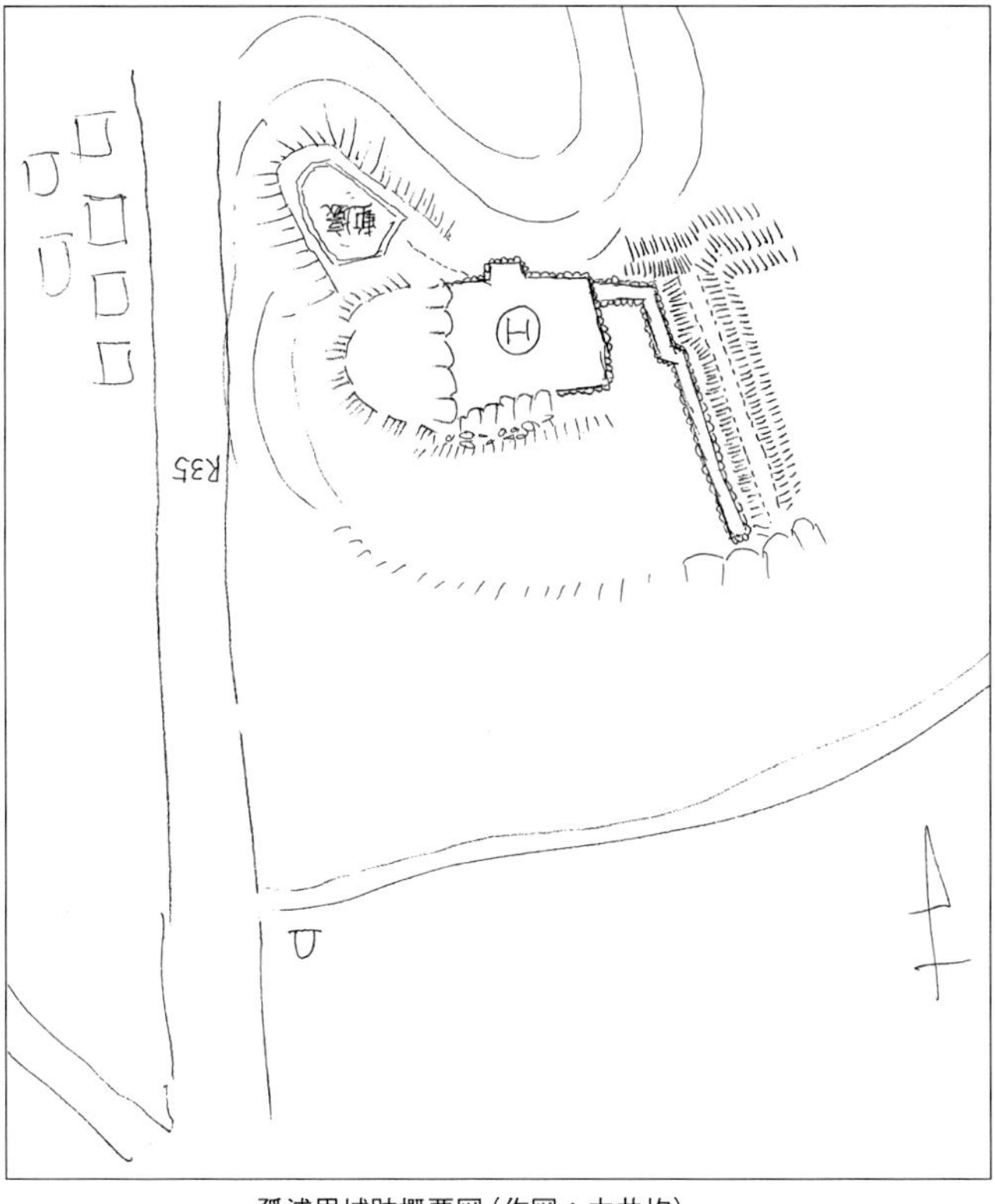


孤浦里城跡概要図（作図：中井均）

## 6

# 釜山浦城（ふさんかい城）

부산포왜성　プサンポウェソン

| | |
|---|---|
| 所在地 | （母城）釜山広域市東区佐川洞裏山（甑山公園）<br>（子城）釜山広域市東区凡一洞（子城台公園） |
| 築城時期 | 文禄元年（一五九二） |
| 築城者 | 毛利輝元・毛利秀元 |
| 標高 | （母城）約一二五m<br>（子城）約三四m |
| 主な遺構 | （母城）石垣・天守台・虎口<br>（子城）石垣・天守台・虎口・登り石垣 |
| 史跡指定 | （子城）釜山広域市記念物第七号 |

釜山は、対馬海峡に面し、古くから朝鮮半島と日本とを結ぶ交通の要衝であり港湾都市として栄えてきた。現在、首都ソウルに次ぐ韓国第二の都市である。十五世紀初めに、対日貿易の拠点として富山浦に日本人居留地である浦所倭館を設置。山麓が海に面した港を富山浦と十五世紀後半頃まで呼んでいたが、佐川洞の裏山甑山が釜形を呈すため、いつしか釜山と呼びならわされるようになったと言う。

釜山倭城は、「母城」と呼ばれる部分と、「子城」と呼ばれる部分からなっている。標高約一二五m、海越しに対馬が望まれる甑山の頂部を中心に築かれたのが母城で、約九〇〇m西側の港湾に面して築かれた子城と共に、文禄・慶長の役を通じ、倭城群の中枢的な位置を占めた城である。

一四九〇年、侵入を繰り返す倭寇の防御と開港地である倭館の統制を目的に、釜山浦に面して釜山浦鎮城が築かれた。一五一〇年、三浦倭乱により釜山浦鎮城が陥落すると、釜山鎮は多大浦へと移鎮、釜山浦（海雲浦）には慶尚左水営が置かれている。文禄元年（一五九二）、朝鮮へ出兵した豊臣軍は橋頭保の確保と、半島南端に位置する釜山沿岸の制海権を得るため、釜山本城、多大鎮、西平浦の砦に同時に攻撃を開始した。宗義智軍が釜山、小西行長軍は多大鎮を襲撃、圧倒的な火力を背景に朝鮮側の防衛網を突破、僉使・鄭撥を戦死に追い込み、釜山占拠に成功した。占領後、毛利輝元・毛利秀元により、釜山浦本城（母城）と子城が築城され、以後朝鮮撤退ま

天守台北東隅角

での間、釜山は豊臣軍の物資集散基地となり、対馬を通じて物資・兵員が輸送され続けた。

母城は、標高約三一五ｍの水晶山から派生した山塊（標高約一二五ｍ）を利用し築かれている。主要部が置かれた山頂部は、釜山港を見下ろす要衝に位置するため、高射砲陣地が置かれたり、動物園が置かれたりした。現在は、公園となりスポーツコートを中心に、各種健康器具が配され、ジョギングや散歩のための遊歩道が整備さ

**釜山母城へのアクセス**

釜山地下鉄1号線佐川駅下車、3番出口から徒歩20分（甑山公園内）。密集した民家を直登する方法もあるが、道が入り組んでいるので要注意。

れている。東側は図書館の広大な敷地となり、北側～西側斜面は宅地が林立、南側はマンションが立ち並ぶ。山頂部を中心に石垣が残り、また斜面の所々にもわずかに石垣が見られる程度で、かつての稀有壮大と言われた全容を想像することは困難な状況である。

二の丸（北側）北面隅

　甑山公園となっている中心部を中心に、東西約一六〇～南北約三一〇mに渡ってかつての城の痕跡が認められる。本丸は、最高所に位置し東西約三五×南北約六〇mの規模で、南西隅の方形の張り出しがかつての天守台である。現在、本丸と同一レベルとなり、曲輪側に石垣は見られないが、戦前までは八間×九間で、高さ二間半の規模があったと言う。『九州大学文学部九州文化史研究施設架蔵倭城址図』（以下、九大図＝一九二七～三二年にかけて作成か）では、北西隅を櫓台とし、多聞で天守台と結んでいる。本丸は、四周を高さ約三・五mの石垣で囲い込み、東側、南側に折れを伴う。現在、北側と南側に石段が付設するが、これは公園に伴うもので往時の入口ではない。東側中央部に、幅約七mにわたって石垣を閉塞した部分が認められ、ここがかつての虎口と推定されよう。本丸の石垣は旧状を留めていると思われるが、石材間にはコンクリートが詰められ、南側は一段手前に新しい石垣が設けられている。石材は粗割石と自然石が使用され、わずかではあるが矢穴も認められる。隅角は、算木積を志向するものの完全な算木積とはなっていない。

　本丸の外周を取り囲む二の丸は、東西約七〇×南北約二〇〇mにわたって石垣が残存しているが、東面の改変が激しく、本来の石垣が部分的に認められる程度となっ

二の丸南西隅角

ている。二の丸は南北に長い曲輪で、本丸の周囲は、幅約一〇～一五mで帯曲輪状を呈すが、北側に東西約三〇×南北九〇m、南東側に東西約二〇×南北五〇mの広さを持つ突出部が付設する。周囲を取り囲む石垣は、最高所で約七m、他は二～五m前後である。北側部分の石垣は比較的旧状を留めている。長方形を呈す大型石材を横方向に積むことを基本とし、西面はシノギ角を多用し、南東隅部の折れ部分は、算木積となっている。東面は、算木への志向を認められるものの算木積とはならない。虎口は、本丸同様東面中央部に認められるが、やはり公園造成に際し幅約六mにわたって閉塞されている。現在は、南東隅部に石段を付設し入口とする。本丸西下の帯郭曲輪状の北側と南西側が方形に張り出している。南西部の隅角には櫓が想定されるが、北側張り出しは南側に隣接し、幅約六mにわたって石垣を閉塞しているため、虎口遺構に伴う張り出しと推定されよう。南西隅角は、巨石を根石とし、そこから石垣が立ちあがっており、岡山城本丸石垣と同様の構造となる。

　南東側は西側～南面の石垣が完全に新設のものであるが、下部にわずかに旧状を留める二～三段の石垣が残存し、そのラインは判明する。中央部で折れを伴う東面は、上部に新設石垣も認められるが下部及び隅角部を中心に旧状を留めている。現在、南東隅に石段が付設されているが、その下部に隅角の石垣が残存し、九大図の虎口遺構と推定される。

　東面は旧状をほとんど留めていないが、九大図に見られる虎口を形成する突出部の北東隅角の石垣が、高さ約二m程で原位置を保った状態で残る。昭和七年刊行の陸軍工兵大佐原田二郎氏の著作『釜山城』には「ここが城の正門で、幅四間の坂路をもって上る」とある。

　二の丸東下段に広がるのが三の丸で、東西約五〇×南北約七〇mの曲輪を取り囲む石垣が部分的に残り、確認することができる。北東隅角部の入隅部分の石垣は、九大図に見られるように上下二段で構成されていることが現状でも把握される。東面は、崖地形となるため石垣が南側のどこまで伸びているかは確認できていない。最下部の隅角は、長方形を呈す巨石を使用し、算木積を志向している。上段隅角は、近代の石垣により上部と東側へ伸ばされているためはっきりしないが、下部に比較し石材も小さく、算木は認められなかった。山腹に向かって突き出すように設けられた鍵の手に折れる虎口の石垣も確認される。南側へ突出する石垣の西側隅角部は、方形の大型石材を積み上げているが、東側隅角部は長方形の大型石材を使用、共に算木とはならない。築石部も巨石を使用し、極めて重要な虎口であったことを伝えている。石垣の高さは最高所で約一〇m、他は三~五m程である。

二の丸（南東側）南東隅角

　以上が、現状で見られる母城の主な遺構であるが、斜面地の中に分け入れない部分や、草木が繁茂し観察が不十分な箇所も存在する。また、二の丸南東隅の曲輪西面下部の石垣がわずかに残っていたように、表土を除去すれば石垣の根石部分が確認される可能性もある。また、宅地化により全てが破壊を受けたとも考えにくく、宅地に分け入ることが可能なら、登り石垣等の痕跡が認められるかもしれない。今後の調査に期待したい。

　現状で失われた遺構の多い母城であるが、現状遺構のみで、文禄・慶長の役を通じて倭城群の中枢的な位置を占めた城の評価とするには、筆足らずであろう。そこで、九大図や前述の原田氏の『釜山城』、髙田徹・堀口健弐氏の「釜山倭城の縄張りついて」(『倭城の研究』第四号　二〇〇〇　城郭談話会)等を参考に、失われた母城部分の特徴についてまとめておくこととしたい。

三の丸南虎口突出部隅角

母城最大の特徴は、山頂部の本丸から南北方向へと伸びる尾根筋に沿って、それぞれ二条の登り石垣を設けていたことに尽きる。西生浦城のように山上に曲輪を築き、山麓の港と左右二条の「登り石垣」によって一体化する倭城はいくつか存在するが、四条の登り石垣によって二重の防衛ラインを構築しているのは母城のみである。また、南側尾根続きの登り石垣の中間点にL字を呈す出曲輪までもが配される厳重さであった。登り石垣の南端の東南下には石垣囲みの三段の階段状の曲輪が配され、その直下が釜山浦となる。従って、この三段の曲輪が南東側城域の最前線に位置することになろう。南北の登り石垣の外側ラインは共に長さ約五〇〇m、内側ラインが約一五〇mである。『釜山城』では「三の丸の北側木戸より武者走を有する幅二間半の長き城壁、高地脈の背稜に沿うて北東に走り、高地北端に終る。全長約二百六十八間あり。中間三ヵ所に櫓を設く。三の丸より出づる所、外側には外濠を設く。」「二の丸南端の木戸を出づれば、さらに武者走を有する城壁南西に延び、八十三間にして稜形を為したる一郭に達す。本郭の外面城壁は武者走を有し、その幅一間なり。この郭よりさらに南方に武者走を有する城壁、高地脈背稜に沿い延長し、七十三間にて城郭に連る。」とある。この記録が正しいとするなら、北側登り石垣は、幅約四・五mで尾根に沿って連なり、全長約四八二mで途中三カ所に櫓が配され、終点外側に堀が配されていたことになる。対して南側登り石垣は、尾根筋に沿って約一五〇mで、外面に約一・八mの武者走を設けた出丸に達し、さらに尾根筋に沿って約一三〇m伸びて、東南端の曲輪に接続することになる。九大図及び『釜山城』の記載は、概ね合致する為、母城には前述のような登り石垣が存在していたとして問題はないと考える。

　このように複数の登り石垣が存在する理由について、構築時期差（縄張り上の変遷）として捉え、当初内側ラインが外郭であったが、改修により外側ラインが増築され、それにより出曲輪が切り捨てられた可能性が指摘されている。また、機能差による構築も指摘される。最も高い可能性は、外側登り石垣が城域全体を囲むラインであり、内側登り石垣は城域内の重要拠点を囲むラインとして構築されたとすべき見解である。高田氏の言う所の「山麓部の居館相当部分を囲い込むことを目的としていた」と考えるのが妥当であろう。この東山麓部に居館が存在した可能性を補強するのが、山上部の虎口配置である。虎口は四方向に見られるが、東側のみ鍵の手状の石垣囲みの厳重な虎口が連続配置されている。さらには、連続する虎口の内側（二の丸東面に突出する虎口）をして、「ここが城の正門で、幅四間の坂路をもって上る」という『釜山城』の記載もある。東側が正面であったなら、当然居館部は東山麓部に位置していた可能性が高い。

　子城は、東川河口部西岸の標高約三四mの独立丘陵上に位置し、往時は南に釜山湾が広がっていた。現在は、丘陵上にのみ遺構が残るが、戦前の様子を伝える図面や、

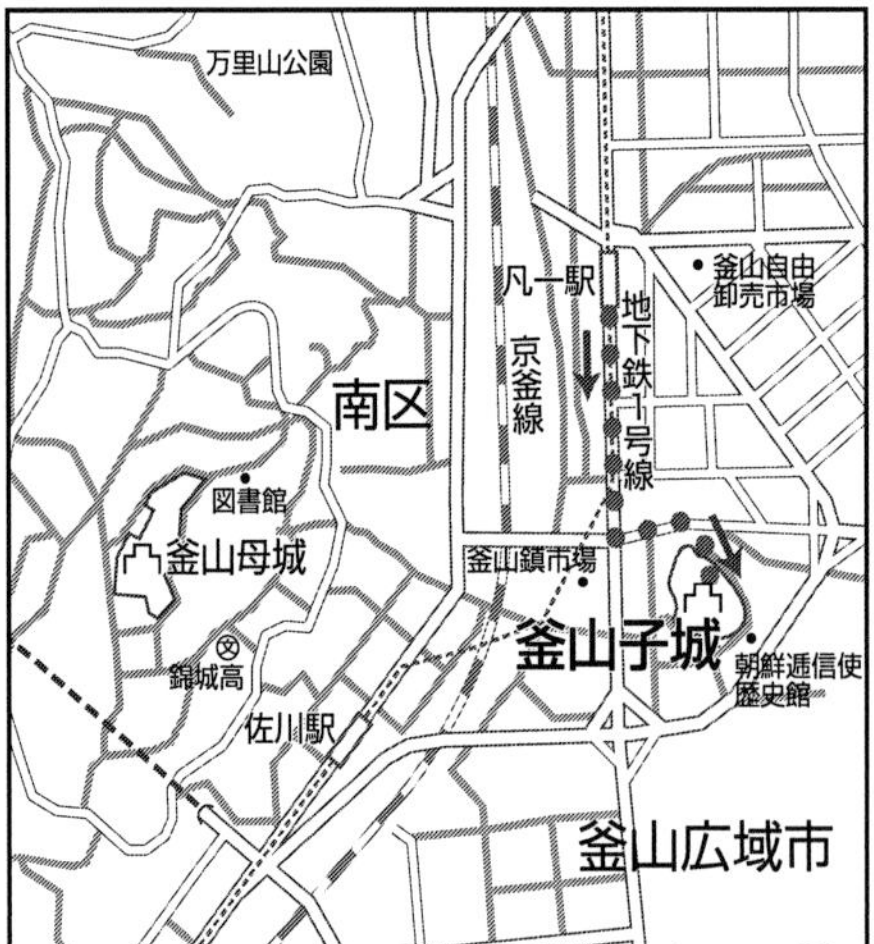


**釜山子城へのアクセス**

釜山地下鉄１号線凡一駅下車、2番口から徒歩5分（子城台公園内）。山の北側に看板あり。

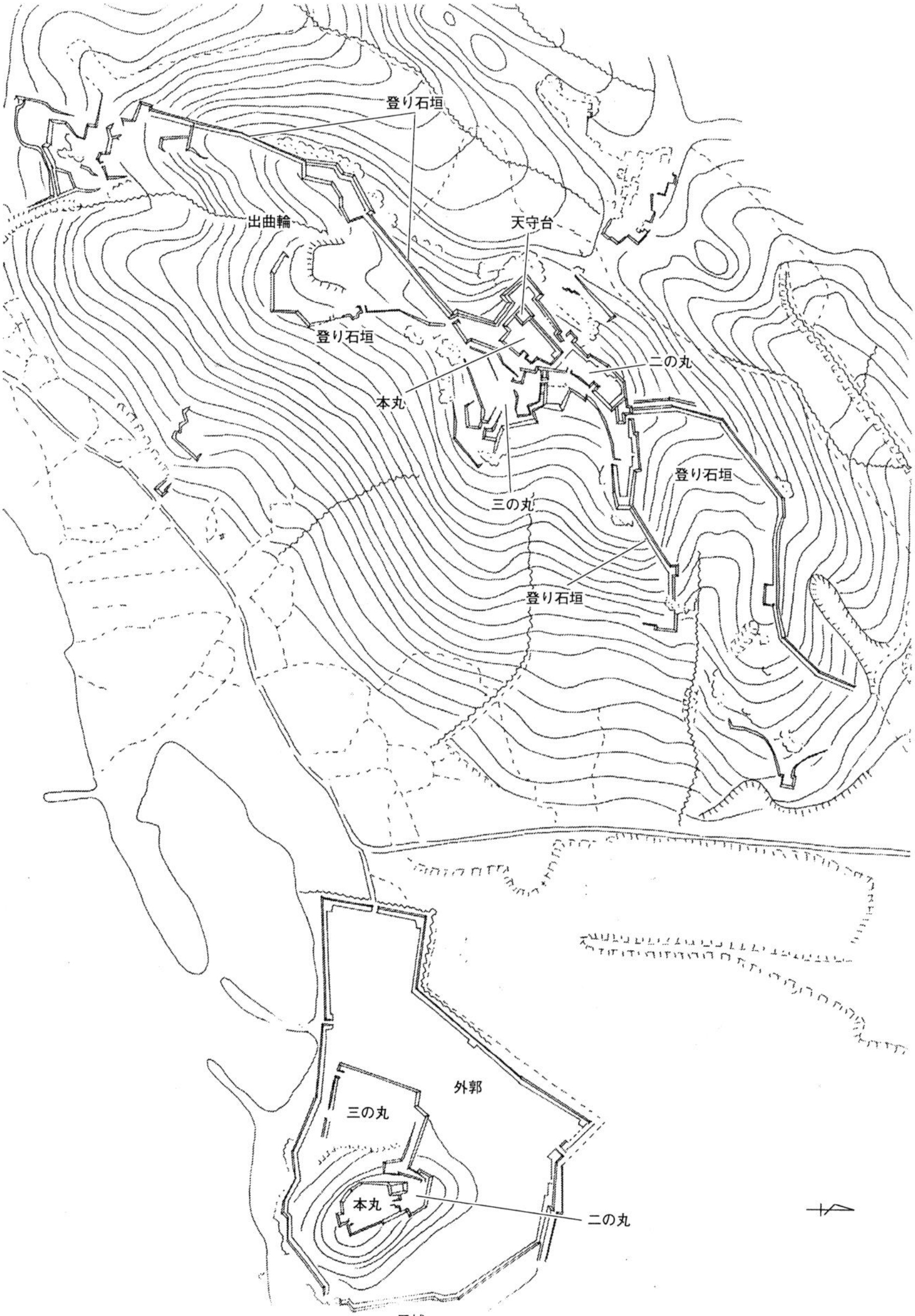


（曲輪名称は本文解説のための便宜上のもの）

釜山浦城跡概要図（作図：髙田徹）

西より望んだ子城

二〇〇九年に実施された外郭石垣部分の発掘調査によりある程度盛時の姿が判明している。城は、丘陵上に総石垣の本丸・二の丸、西側山麓に石垣囲みの三の丸（登り石垣により本丸と一体化していた可能性が高い）さらに大外を囲い込むように外郭が配されていた。この外郭は、『浅野文書』の「惣構ニは結構」と記された遺構に比定されるが、外郭ラインは、東西で異なる様相を示す。折れを多用し、横矢を効果的に用いる東半分と、直線的な塁線となる西側部分である。西側部分ついては、文禄・慶長の役後に「釜山鎮城」として再利用される際に改修を受けたとの見解も示されている。

現在、海岸が埋め立てられ景観が一変しているが、築城当初釜山浦は子城の南麓を洗っていた。現況は、平野部の独立丘陵上に選地されたような体裁である。城跡は、東西約八〇～南北約一三〇mに渡って残存する。本丸は、標高約三四mの最高所に東西約四〇×南北約八〇mの楕円形を呈す曲輪で、石垣によって囲い込まれている。石垣の高さは、五～九m程で、南北面に櫓台状の隅角部が残存し、東側はほぼ直線状の石垣、西側は鈍角となる折れ部が見られる。本丸塁線よりわずかに突出する方形の

釜山子城天守台北西隅角

北西隅角部が天守台と考えられ、石垣は高さ約九ｍと最大値を示す。現況は本丸面と同一レベルを示すが、九大図では、方形天守台が、本丸より一段高く描かれている。旧状を留める北西隅角部は、稜線は揃うものの控えが短く完全な算木積とはならず、大型石材を積み上げ対応している。わずかに反りも見られ、積み方そのものは広島城天守台に酷似する。南側中央部には突出する方形の櫓台状の遺構も見られる。虎口は、南北に二ヵ所で共に天守台・櫓台に接した場所になる。北側虎口は、本丸より一段低く左右に石垣を持つ幅約五ｍの平入り虎口であるが、改変により旧状が変更されているようである。突出する天守からの頭上攻撃と横矢により侵入者に備えている。南虎口は、幅約四ｍの平入り虎口であるが、近代の階段が付設されている他、両側の石垣も積直しを受けている。西側櫓台状遺構が突出し、控えた東側も隅角を持つため、門前面の空間は両サイドから横矢が懸かる構造を呈す。旧状がはっきりはしないが、両虎口共に門横の塁線を六〜一〇ｍ程前方に突出させることと、櫓を配すことで防御強化を図ろうとしている点が共通する。

二の丸は本丸の北側一段低い曲輪で、東西約五〇×南北約四〇mの規模となる。周囲は本丸同様石垣を廻らす構造であるが、高さは二～三mとそれ程高くは無い。曲輪は、天守台の西裾を廻り込むように伸びてはいるが、その先は判然としない。現在、北側中央部の石垣が開口し通路となってはいるが、本来の虎口を通路として再利用したのか、あるいは近世の造作なのかは判断できない。九大図では、ここに虎口は存在しない。本来の虎口は、東端の突端部南にあったことが明らかで、石垣中に開口部を塞いだ痕跡が認められる。また、西側裾部に延びる曲輪の天守台西下中央部あたりに石段の通路が存在するが、これも近代の付設の可能性が高い。

この天守台裾部の西下に、直線距離で約二五m、高さ八m程の登り石垣が一部残存する。西下斜面部へと伸びてはいるが、宅地化が進みその先がどこまで確認できるかは定かではない。九大図によれば、この石垣が三の丸北側の石垣に接続し、その石垣はそのまま三の丸を取り囲む石垣となっている。

二〇〇九年、子城台公園山麓の南東隅の発掘調査が実施されている。二時期にわたる石垣遺構が確認され、一次石垣は海岸線を囲い込む石塁が推定されている。注目されるのは二次石垣で、登城通路を兼ねた登り石垣と推定され、検出された登り石垣遺構を延長すると、本丸南東隅角部にぶつかることになる。子城も港湾施設を取り込んだ可能性があり注目される。

豊臣軍撤退後は、釜山鎮僉使営として使用されたが、日本の植民地時代に撤去され、同時に一帯が埋め立てられ昔日の面影が失われてしまった。現在は、子城台公園として遊歩道が整備され、一九七四年に建てられた鎮南台、崔瑩将軍の祠堂、千萬里の記念碑等が所在する他、健康器具も置かれ、市民の健康増進、憩いの場所となっている。

母城と子城は、一連の城として機能を果たしていたのか、それとも一城別郭として捉えるべきかは、判断が分かれるところである。そこで、母城北東側の登り石垣が、そのまま子城の北側外郭線まで伸びていた可能性を考えておきたい。確かに子城の外郭線は、母城の登り石垣の最東端に最も近い場所で、突如直線に変化し南西へと直角にふれる不自然な配置ではある。そのまま北西方向に延長すると、その距離およそ四〇〇mで、接続が可能である。決して接続が不可能な距離ではない。仮に接続し

（曲輪名称は本文解説のための便宜上のもの）

釜山子城跡概要図（作図：髙田徹）

ていたとすると、釜山倭城は、山上部から海岸線まで約一・五㎞の石垣ラインによって囲い込んでいたことになる。その空間の中に、母城・子城の二城が築かれていたことになる。だが、母城も子城も共に天守台と思われる巨大櫓台を持っている。仮に接続していたとしても、別の城として機能していたと考えるべきであろう。

『釜山城』の後記に「釜山城（子城）は文禄役において、参議中納言毛利輝元および侍従安芸宰相毛利秀元の築城に係り、豊臣秀吉の渡海に際しての本営地として普請せし所のものにして、その規模宏大にして、地形の利用巧妙に諸構の結構堅牢、築城術の妙締を表したる」とあり、子城が秀吉の御座所とすべき城なら、同一敷地内に二基の天守が屹立していたとしても何ら問題はなかったと思われる。（加藤理文）

# 7
# 亀浦城（かとかい城）
구포왜성　クポウェソン

亀浦城は、釜山広域市西部、洛東江畔にある比高約七〇mの丘陵に築かれている。往時、甘筒（同）浦・かとかい城と呼ばれていた。

文禄二年（一五九三）の築城である。築城を担当したのは小早川隆景・小早川秀包・立花宗茂・高橋直次・筑紫広門であった。ほぼ城郭が完成した頃に小早川隆景が帰国すると、小早川秀包らが五〇〇〇人で守備にあたった。文禄四年に明との講和交渉が進展するにおよび、亀浦城での駐留も解除される。この時点で、いったん廃城になった模様である。

講和交渉が決裂して慶長の役が起こると豊臣軍は、西方の順天、北方の蔚山にそれぞれ倭城を構築する。ところが戦闘の激化、伸びきった補給線の確保、要害性を鑑み、倭城に在番する諸将は守備範囲の縮小を秀吉に願い出る。この願いは秀吉の怒りを買い、一蹴された。唯一、秀吉が認めたのは洛東江上流の梁山城を撤収し、かわりに亀浦城を再興することであった。

慶長三年（一五九八）三月に毛利秀元が修築を行い、梁山城を撤収した黒田長政は亀浦城の守備にあたる。ところが同年五月になると、秀吉は亀浦城の破却を命じた。そして長政は西生浦城の守備に回される。

亀浦城は崩壊した石垣、埋もれた石垣も見受けられるし、失われた遺構も少なくない。それでも全体的には、遺構をよく止めている。市街地の中にあって公園化されており、探訪しやすい倭城の一つと言える。

城の北東二・五㎞には標高八〇〇mの金井山（三国時代、韓国最大の山城が存在）が聳えている。亀浦城に築かれた丘陵部は金井山から伸びた尾根の先端部に位置す

| | |
|---|---|
| **所在地** | 釜山広域市北区徳川洞 |
| **築城時期** | 文禄二年（一五九三） |
| **築城者** | 小早川隆景ら |
| **標　高** | 七五・九m |
| **主な遺構** | 石垣　竪土塁　竪堀群？ |
| **史跡指定** | 釜山地方文化財記念物第６号 |

堀切A

る。そのため地形的に見ると、北東尾根続きが弱点となる。それに対処するために設けられたのが、幅約二〇mに及ぶ堀切Aである。

なお堀切Aの西側、緩斜面となったあたりには数本からなる竪堀状遺構が認められる。畝状空堀群ではないかとの指摘もあるが、不規則な配置であること、上端部分に石垣を伴う部分があること（竪堀が石垣の崩壊を誘発しやすい）、後世の改変を含んでいること、他の倭城で

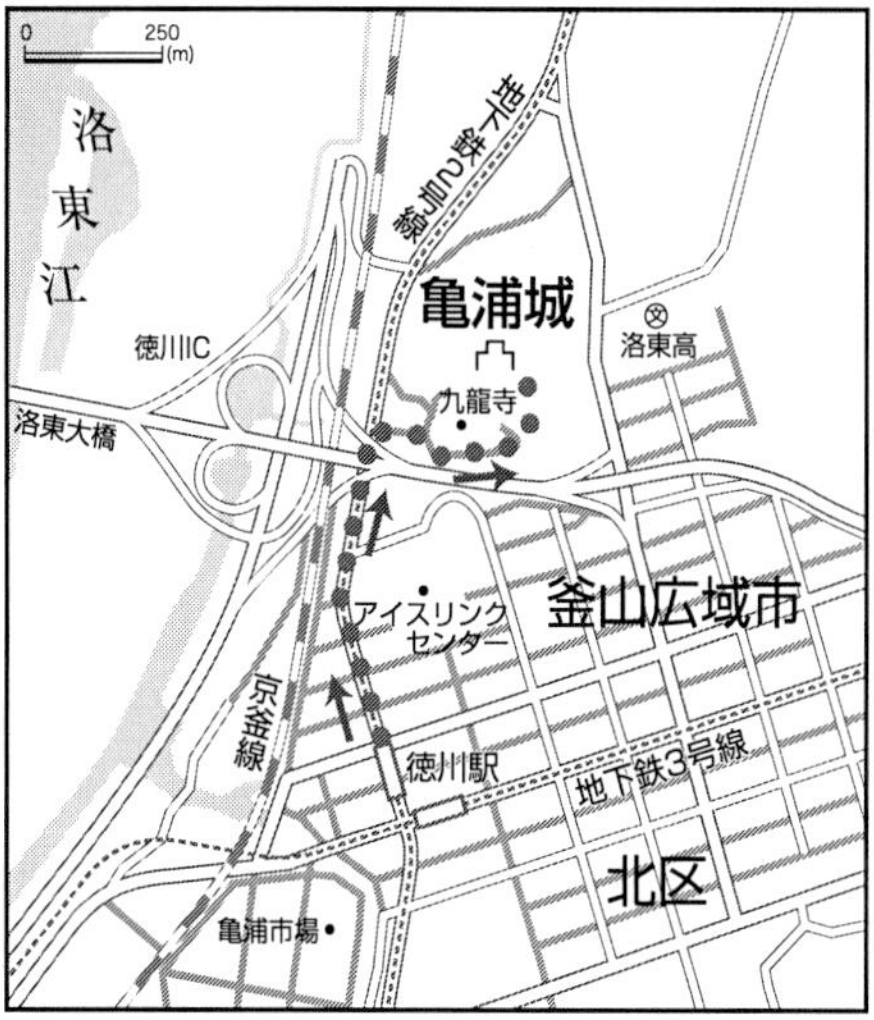


**亀浦城へのアクセス**

釜山地下鉄2号線徳川駅下車、10番出口から徒歩15分。

虎口C（礎石も見える）

明瞭な畝状空堀群遺構は見られないこと等から判断には慎重さが求められる。

主郭Ⅰは東西に細長い。西側にある虎口Bは平入り状である。ただし主郭Ⅰは、周囲を囲む曲輪塁線と巧妙に組み合わせて虎口を設定している。Ⅱ郭は主郭Ⅰの前面を擁護し、導線を二方向に分化する役割を担う。虎口Cは虎口Bに連続して複雑な導線を形成する。礎石が残り、門の立ち位置も判明する。

虎口Dは、正面にEが張り出す点において一層防御性が強い。Eは主郭の南側に幅約一五m、長さ約二五mにわたって突き出している。Ⅰ郭の曲輪面より低い位置にあるが、虎口Dに至る導線に終始横矢掛かりが効く位置に構えられている。Ⅲ郭側にも同様ににらみを効かせていて、さらにⅢ郭塁線よりも北側へ張り出している。Eの張り出しは、明らかに堀切A、北東尾根続きを意識している。位置や形態はやや変則的であるが、天守あるいは天守相当の櫓が構えられていた可能性が高い。主郭部より低い位置に築かれた天守台の類例として、国内では津和野城（島根県津和野町）が挙げられる。

Ⅳ郭は複雑に折れを伴う曲輪である。虎口はF・Gの

Ⅲ郭側から見た主郭Ⅰ

二カ所にある。虎口廻りは、いずれも石塁となっている。虎口Fは内枡形状となり、ここでも虎口前面をEの張り出しが擁護している。

虎口Gでは向かい合う塁線が、それぞれ方形に広がる。櫓門が掛け渡されていたのかもしれない。注意されるのは、虎口Gから出た道は竪石垣（登り石垣）の上部に続く点である。竪石垣は斜面に対する防御に加え、下位の曲輪への連絡路を兼ねている。

周知のように倭城ではしばしば竪石垣が用いられているが、これほど虎口と明瞭に組み合わせた類例は見当たらない。一口に竪石垣と言っても、実は倭城中でも構造・機能面で一律ではない点に注意したい。

虎口Gから竪石垣を下っていくと、道路によって遺構が途切れる。ただし道路対岸のVには曲輪の残骸が残されている。かつては折れを伴う石垣で囲まれた曲輪があり、直下の洛東江を見下ろしていた。

Ⅲ郭の南側にも竪石垣が伸びている。すぐ下にあるⅦ郭東側を囲い込んでいる。その先は現状で遺構が確認できないが、かつては南海岸高速道路を隔てた位置にある丘陵上まで城域が広がっていた。竪石垣は、Ⅶ方向（縄

虎口D（南東側から）

張り図の範囲外）まで伸びていた可能性が考えられる。
Ⅶはスケート場建設に先立ち、東亜大学校博物館によって平成一四、一六年の二次にわたり、発掘調査された。一部張り出しを伴う溝（幅約二m、深さ約一m）や掘立柱建物二〇棟が検出された。一部に石垣遺構も見つかっている。文禄の役時に築かれた遺構に重複して、慶長の役時に築かれた遺構が出土している。遺物では青花白磁や砥石・瓦の他、一六世紀の備前擂鉢も出土している。備前擂鉢は従軍した兵が国内から運びこみ、現地で投棄したものであろう。
調査後にⅦの遺構は破壊されたが、城域端部の様相が考古学的に解明された意義は誠に大きい。
主郭～Ⅴ～Ⅶに挟まれた内側は現在宅地等となるが、かつて兵舎や倉庫等が設けられていたと考えられる。そしてその一角、洛東江に面した位置に船着場も存在したはずである。主郭Ⅰの南側山麓近くに建つ亀龍寺は、居館部に比定される。一部ながら倭城期に比定される石垣を止めている。

（訓原重保）

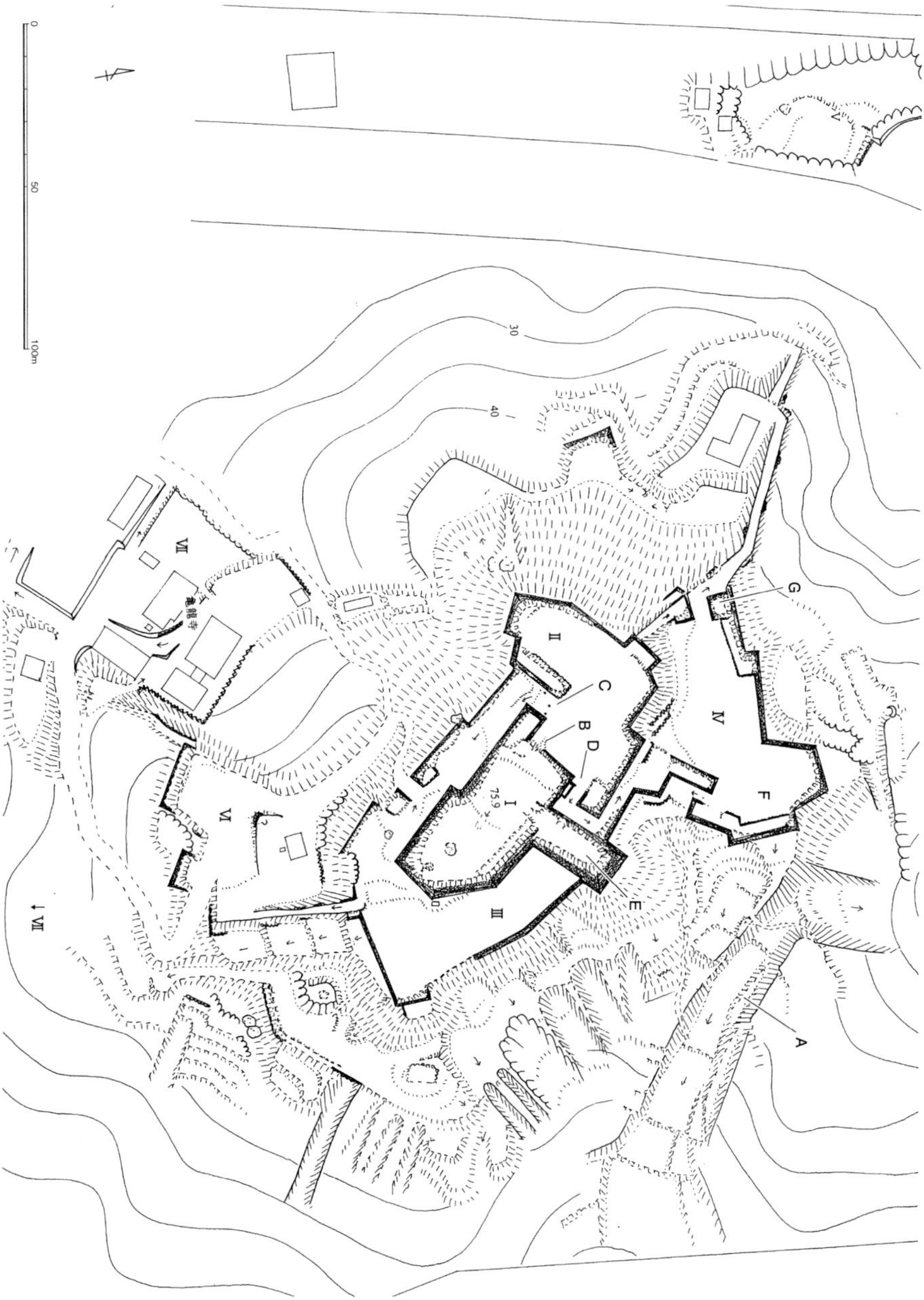


亀浦城跡概要図（作図：髙田徹　堀口健弐氏原図をベースに作図）

## 8 梁山城（りゃくさん城）

양산왜성　ヤンサンウェソン

城は、洛東江の本流と梁山川の支流が合流する北側の東西に細長く伸びた独立丘である通称甑山（標高約一二〇m）に築かれている。洛東江を隔てた南側約二kmには閣城山が聳え、川を約三km下った東岸に孤浦里城が位置する。

慶長二年（一五九七）、地域支配と朝鮮からの攻撃に対する防御網の一翼を担う「仕置の城」として、秀吉の命により築城が開始された。普請は、毛利秀元・小早川秀明があたり、完成後黒田如水・長政父子が在城している。悲惨を極めた蔚山籠城戦の後、朝鮮渡海軍は援軍派遣が難しい蔚山・順天・梁山城等を廃し、甘筒浦への移し替えを要望。だが、秀吉の許可を得られたのは梁山城のみであった。これにより、慶長の役に築かれた城郭で、最も短命な城となったのである。

所在地　梁山市勿禁邑曽山里
築城時期　慶長二年（一五九七）
築城者　毛利秀元・小早川秀明
標高　約一二〇m
主な遺構　石垣・天守台・登り石垣・虎口
史跡指定　慶尚南道文化財資料第二七六号

梁山タワーの西南、曾山マウルという集落の裏山の山頂部に築かれ、主郭からは洛東江や金海平野が一望できる。現在山林や墓地、荒地となっており、石垣・曲輪は崩れてはいるものの概ね旧状を留めている。

最高所に位置する本丸は、高さ約二mの石垣（内側は幅約三mの石塁状を呈す）で囲まれた東西約二五×南北約五〇mの規模で、北東隅に東西約一二×南北約一六mの天守台が残る。天守台は崩落が激しく、下部のみ旧状を留めている。虎口は、東西二カ所に設けられ、東側は天守台石垣と接続することで枡形状を呈す。西側虎口は、外枡形状となる。

東側尾根続きが城内最大面積を有す二の丸で、東西約一〇〇×南北約七〇m、本丸との比高差約四mを測る。東南面に外枡形状の虎口があり、麓の曲輪と連絡するため、ここが城の正面と考えられる。東側の虎口は崩壊が著しいが、外枡形状を呈す。曲輪の周囲は高さ約一ｍの石垣で囲まれ、累線はほぼ直線となる。二の丸から延長する曲輪が東の丸で、東西約五〇×南北約一八ｍの規模。高さ約一ｍの北側石垣は、二の丸から連続するが、南面石垣は現況では見られない。東端の虎口は、外枡形状となり登り石垣の内側へと続く。

天守台北西隅角を見る

　現状の登り石垣は、高さ約〇・五ｍ程でしかなく、東の丸東端虎口からほぼ直線で東方尾根筋に沿って五〇ｍ程直線で伸び、最下段の東出丸へと続く。東出丸は、長方形を呈した東西約三〇×南北約八ｍの規模で、西側以外の三方に高さ約一ｍの石垣が確認される。

　本丸西下に約一五ｍ四方の曲輪が見られる。喰違い虎口となるため、本丸の防備強化のための曲輪であろう。ここから西下鞍部に向って約八〇ｍの斜面（幅約一〇ｍ）の左右に登り石垣が残る。内部は緩斜面で、現在は本丸への通路となっている。

　鞍部には二五ｍ四方程の平坦面が存在し、南北に虎口を設け、東西尾根筋に対しても開口。四方からの道が交

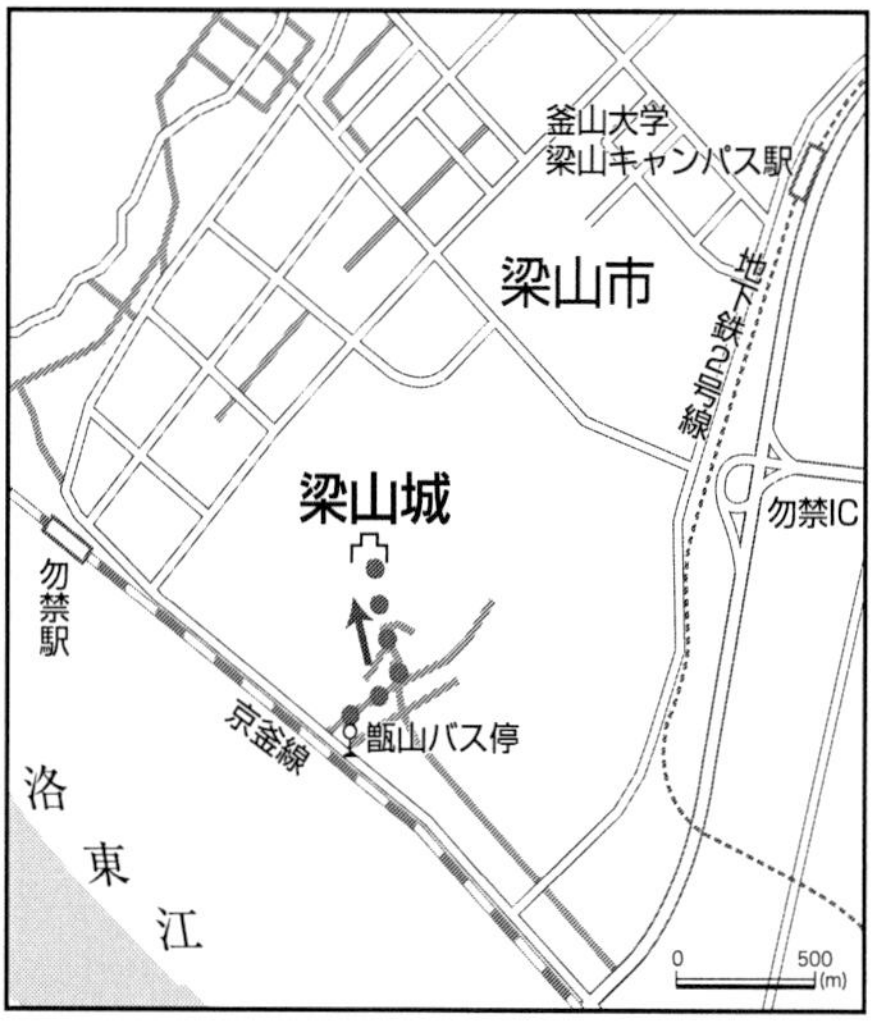


**梁山城へのアクセス**

京釜線勿禁駅から南東に徒歩約15分。または地下鉄2号線湖浦駅から21番バスで20分、甑山バス停下車徒歩10分。寺をめざして登る。

差する重要拠点で、南北虎口はそれぞれ外側へと突出する外枡形状の構造となる。登り石垣と接続させることで強固な防備を構築していたと推定されるが、破壊が著しく本来の構造は判然としない。

鞍部から西側尾根上へと続く斜面も、東側同様で約一〇〇mに渡って左右に登り石垣が残る。内部は幅約一〇mの緩斜面である。最西端は、現在へリポートとなっており、曲輪状の平坦面であるが、本来は東下斜面と連なっていた可能性が高い。

西の丸西面石垣

西尾根頂部（標高約一二〇m）に位置する西の丸は、高さ一m程の石垣で囲まれた東西約三五×南北約一七mの曲輪で、石垣から二mほど離れ、石列が廻るため石塁であったと思われる。東側虎口は平入りであるが、ヘリポート及び塹壕（西の丸全体を取り囲むように掘られている）を設けた段階で破壊を受けている。西側虎口は、内枡形状となり虎口両脇の石塁は櫓台状の広さを持つ。

西の丸から西側尾根筋に沿って、約二〇〇mに渡って「く」の字に折れる登り石垣が見られ、尾根下最東端の方形曲輪まで続く。この方形曲輪は宅地化しているが、石垣も確認される。南山麓に残る東西約六〇×四〇mの曲輪には、高さ約七mの石垣が残る。西側に虎口が見られるが、宅地化により旧状がはっきりしない。本丸北側から東側に向って途切れながらも、幅約七mの横堀が四〇〇m程にわたって残る。本来は、全てが接続し、東側登り石垣下まで伸びていたと推定される。

これらの構造から、北側に対する防御を主眼として築かれたことは確実で、東尾根頂部の本丸と、西尾根頂部の西の丸に拠点的施設が存在したと思われる。ただ、南山麓部の居館的曲輪は独立しており、他城で見られるような山上部との一体化が図られていない。短命で終わっただけに、増築の無い倭城の姿が垣間見れる貴重な城跡である。

（加藤理文）

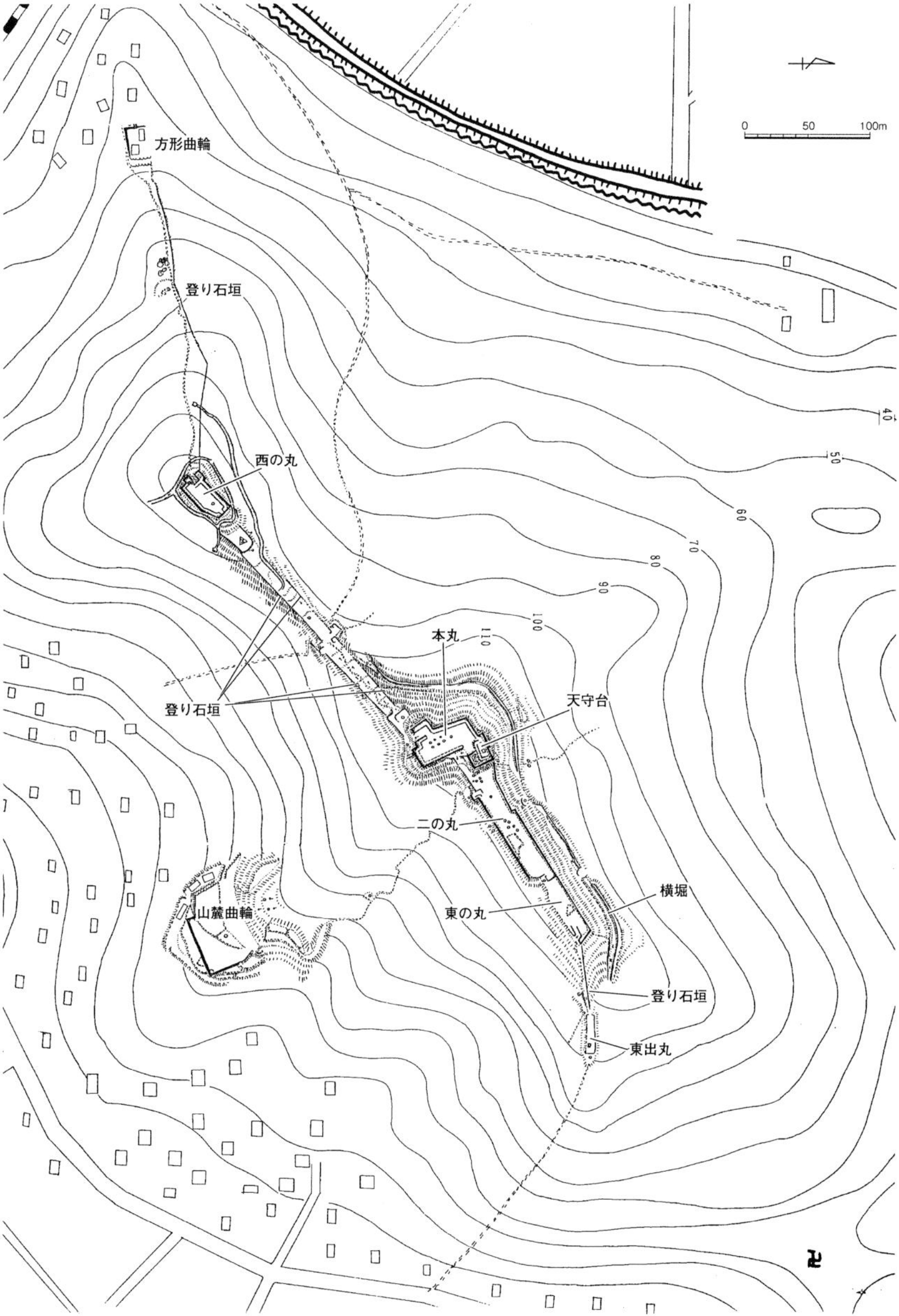


（曲輪名称は本文解説のための便宜上のもの）

梁山城跡概要図（作図：髙田徹）

# 9 金海竹島城（きんむい城）

김해죽도왜성　キメジュクドウェソン

**所在地**　釜山広域市江西区竹林洞四五四・五番地
**築城時期**　文禄二年（一五九三）
**築城者**　鍋島直茂・伊達政宗
**標　高**　四七・五m
**主な遺構**　石垣、天守台、虎口、石切場
**史跡指定**　釜山広域市指定記念物四七号

金海竹島城跡は金海平野の独立した低位丘陵に選地している。丘陵の東側には洛東江が流れており、古くは洛東江の河口に位置する島状の地形であったと考えられる。

文禄二年（一五九三）の五月末より七月末と見られる「朝鮮都引取り、城〳〵在番の事」（『豊公遺文』）には、「竹島城　鍋島直茂」とあり、文禄の役に築かれた城のひとつであったことが知られる。その築城は鍋島直茂が担当し、また、在番にも直茂が五千人で守備していた。なお、『宣祖実録』には翌三年の在番について、「金海府約有一万余名即豊直茂所領」と記している。さらに『宣祖実録』には、「三面臨江、周以木城、重以土城、内築石城、高台傑閣紛壁絢爛、大小土宇、弥満櫛比、似無一片空地、量有万余兵接矣、大小船隻、列泊城下、不記其数、有投付我民結幕城外処処屯結、捉魚為生矣」とあり、天守が構えられ、大小の屋敷があり、空き地もないほどの兵が駐屯し、城下には大小の船舶が停泊していた金海竹島城の様子が記されている。また、城外（城下か）には朝鮮の民衆が集住していたとも記されており、金海竹島城には城下町も形成されていたことがうかがえる。

七月二十七日付けの豊臣秀吉朱印状には直茂に対して金海竹島城に備蓄すべき兵糧、武器、武具、火薬などについての指示が出されている。八月六日には薪を「ばい木」にして城中に備える指示が、翌七日には本丸へは他の家中の者を入れないよう指示がそれぞれ出されている。

ところで伊達政宗が後藤信康に宛てた文禄二年九月二四日付の書状に「高麗竹島へ参着」とあり、当時金海竹島に在陣していたことがうかがえる。この時期政宗は石垣普請に参加しており、その石垣は「かみしゆニそつともおとり

不申候」と上方衆の石垣にも劣らなかったと述べている。その普請に参加した城は従来梁山城といわれていたが在陣地より金海竹島城であった可能性が極めて高い。

慶長の役では、慶長二年(一五九七)二月二一日の陣立書(『浅野家文書』)で「竹島　小早川秀包」とあり、一時小早川秀包が在番していたが、その後は鍋島直茂、勝茂父子が金海竹島城と昌原(馬山)城の在番となっている。慶長三年(一五九八)八月十八日、秀吉が没すると朝鮮在陣の諸将の撤収が開始される。十月には五大老より、「一、ちゃわんの城(馬山城)引払、竹島一所相加、可被在陣事、」と馬山城を放棄し、さらに十一月には釜山浦より撤収帰還し、金海竹島城も廃城となつた。

なお、「朝鮮都引取り、城〳〵在番の事」には「竹島城、同出城」、宣傳官劉夢龍が宣祖に呈した啓には「金海竹島・徳橋」とあり、金海竹島城に端城の存在したことが知られる。金海竹島城の西方約六kmに位置する小規模な城跡である新畓(農所)城跡と、北方約一六・五kmに位置する小規模な城跡である馬沙城跡がその端城と見られる。

1991年に撮影した枡形虎口

**金海竹島城へのアクセス**
軽電鉄佛岩駅から4番バスで20分、駕洛洞役場バス停下車。徒歩5分。

主郭Ⅰの石垣隅部

さて、金海竹島城は東西に延びる丘陵上に大きく三ヵ所にわたって築かれている。中央部が中心となる城郭で、ほぼ直線的に四ヵ所の曲輪が配置されている。主郭Ⅰは東側に枡形虎口Aを構え、西端には天守台Bを配置している。主郭Ⅰの西側には広大な副郭Ⅱが構えられ、中央部で仕切のL字形の石塁が構えられ、曲輪を二分割している。この副郭Ⅱのさらに西側にやや未削平の曲輪Ⅲを配し、その西端には巨大な堀切Cを設けて、丘陵を完全に遮断している。堀切は中央部で大きく突出部を設け、合横矢がかかる。

一方、主郭Ⅰの東側は洛東江に向かって階段状に曲輪を配置しているが、主郭直下の副郭Ⅳには石垣が用いられているものの、それより下段には石垣は認められない。

主郭Ⅰと東西の副郭Ⅱ・Ⅳは石垣によって築かれているが、その最大の特徴は石垣塁線より突出させた出枡の存在であろう。長大な塁線に横矢をかけるために設けられたものであるが、金海竹島城では他の倭城に比べ、この出枡が多用されている。

また、中心部の北側山麓には巨大な帯曲輪Ⅴが構えられており、西端には枡形Dが構えられるとともに、塁線上には出枡も設けられている。一方、南側斜面にも帯曲輪Ⅵが配置されているが、北側に比べると削平は甘い。注目されるのはこの南側の帯曲輪Ⅵで、矢穴の入った石材が数点残されており、金海竹島城の石垣普請には現地で石材を調達したことがわかる。

なお、こうした中心部のさらに西側の尾根頂部と、南側尾根頂部にもそれぞれ階段状に配置された削平地が認められるが、そこには石垣はほとんど用いられていない。

金海竹島城は、一部は寺院や墓地で破壊されてはいるものの、全体的に曲輪は良く残されている。加えて金海国際空港からも近く、訪ねやすい倭城跡である。（中井　均）

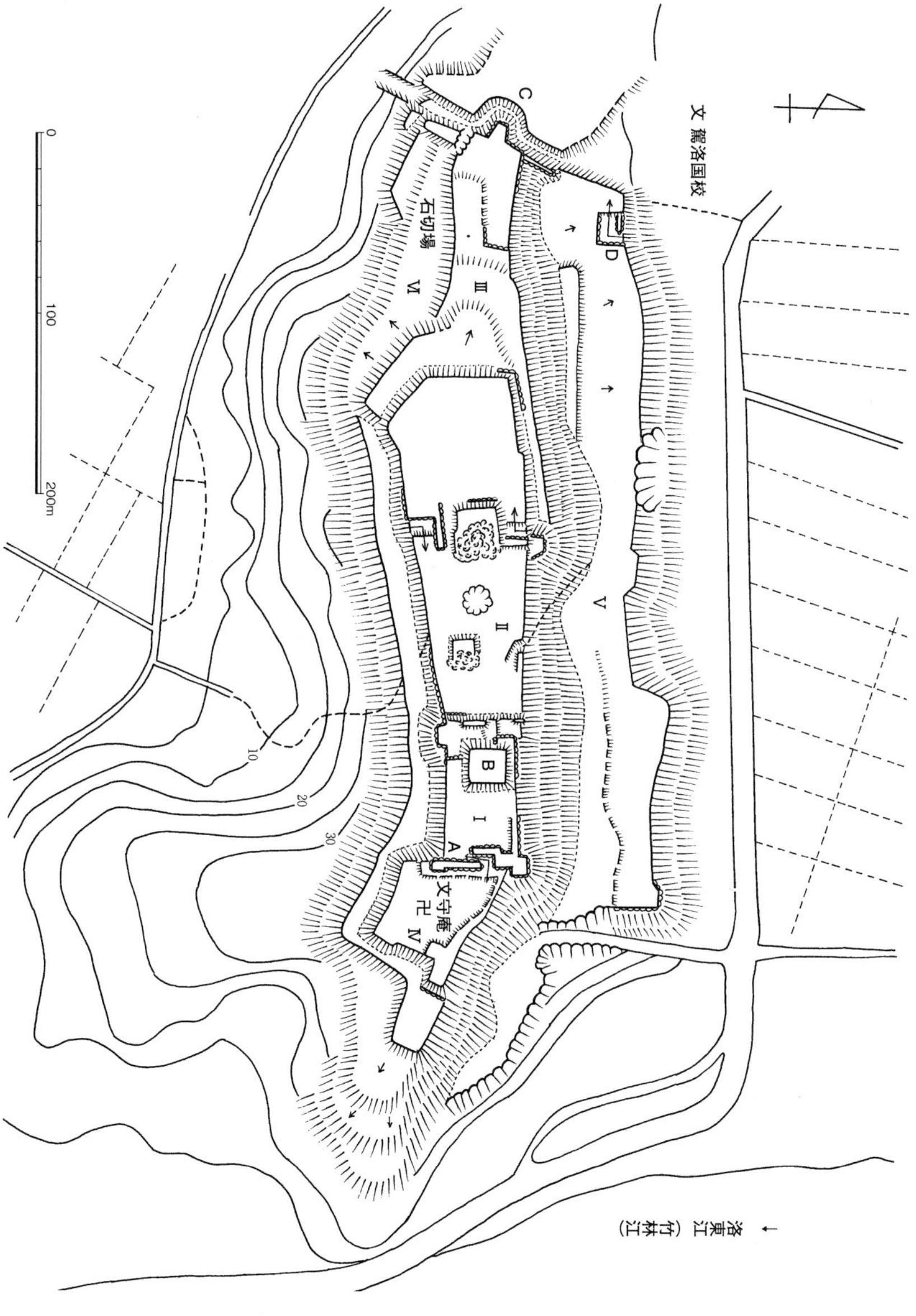


金海竹島城跡概要図（作図：中井均、髙田徹氏原図を参考とした）

## 10

# 安骨浦城（あんかうらい城）

안골포왜성　アルゴルポウェソン

所在地　慶尚南道昌原市鎮海区安骨洞山
築城時期　文禄二年（一五九三）
築城者　九鬼嘉隆、加藤嘉明、脇坂安治
標高　七〇m
主な遺構　石垣、土塁、虎口、曲輪、天守台
史跡指定　慶尚南道文化財資料第二七五号

文禄の役開戦当初、朝鮮半島の奥深く漢城・平壌まで侵攻した豊臣軍は、義軍の蜂起、朝鮮水軍による攻勢、明軍の参戦などによって苦戦を余儀なくされる。こうした状況の中、日本方は文禄二年（一五九三）五月より明国との講和交渉に入っていく。交渉を進めつつ、朝鮮半島側の渡海拠点となる釜山浦を中心とした地域の確保を目的として、要衝晋州城を攻略するとともに、「御仕置きの城」とも呼ばれる、その拠点となる城郭＝倭城の普請が進められた。

安骨浦城は「あんかうらい城」とも呼ばれ、水軍大将である九鬼嘉隆、加藤嘉明、脇坂安治らが築いたとされることから、その立地を鑑みても水軍の拠点城郭であったことは明白である。城には前記三将の他、立花宗茂・藤堂高虎・秋月種長らの名が在番衆として見え、その後も重要な戦略上の位置づけがなされたものとみられる。

安骨浦城は洛東江河口の西方、入り組んだ海岸線が連続する熊東湾入口東岸から南西に向かって突き出す半島に位置し、半島中央の標高七〇mの丘陵鞍部を中心に城域が展開している。熊東湾を挟んだ西方約四㎞の南山山頂には熊川城、また加徳水道を隔てた南東約四㎞の訥次島には加徳城が所在する。築城に先立つ文禄元年（一五九二）には、九鬼・加藤・脇坂らの水軍と李舜臣率いる朝鮮水軍が、巨済島南方の閑山島とその北方にあたる安骨浦において海戦し、敗れていることからも窺えるように、安骨浦城周辺の多島海域が釜山西方の制海権を押さえる要地であったといえる。安骨浦城を含む前記三城に加え、南東の指呼の間にある巨済島北部に築かれた永登浦城、松真浦城、長門浦城が、この水域を押さえ

る城塞網として構築されていたものと考えられる。

海に向かって延びる半島中央の鞍部に築かれた城は、北側に内海となる熊東湾、南側に外海となる加徳水道を望む位置にある。ただし、現在は釜山新港などの整備により、南側外海及び熊川城に接する熊東湾西岸の埋め立てが進み、本来内外両海に面した城の特徴は失われてしまっている。

曲輪Ⅲから集落域を望む（中央奥左手の山は熊川城）

城の遺構は半島の基部と先端の丘陵をつなぐ尾根筋の鞍部を中心に、東西約八〇〇m、南北約四〇〇mの範囲に残っている。尾根筋に四つの大規模な曲輪を並列させるように配し、曲輪群西側からは一部石塁となる土塁、また東側曲輪群からは竪土塁が山麓方向に伸ばされ、内海となる熊東湾側の現集落域が長大な塁線によって囲い込まれる構造となっている。ここに囲い込まれる山麓の現集落域には、駐屯施設や水軍の拠点たる軍船を係留する港湾施設などが備えられていたのであろう。遺構は後世の改変などによって一部破壊されている部分があり、また前述のように周辺地形の改変も進むが、尾根上の主要曲輪群

**安骨浦城へのアクセス**
釜山1号線下端駅から58-1番バスで1時間、龍院バス停で315番バスに乗り換え10分、安骨バス停下車、徒歩15分。

曲輪Ⅰ南東櫓台（天守台）南東より

を中心におおむね良好な形で残っている。

曲輪Ⅰは高さ約三ｍの総石垣で構築された、東西一〇〇ｍ、南北約六〇ｍの規模を持つ、平面形が長方形を呈する曲輪である。城内のほぼ中央に築かれた最大規模の曲輪であることから、当城の主郭であったと考えられる。曲輪の四隅には櫓台が配されているが、特に南東櫓台は上端が八ｍ四方、高さ約五ｍを測り、北・西側には長櫓を付属させる形状を持つとともに、南方外海側から目立つ位置にあることから、天守に相当する櫓であったとも考えられる。北東及び南西には枡形状の虎口がそれぞれ開口し、前者は曲輪Ⅲ方面、後者は西側曲輪へと連絡している。北東虎口は北面の塁線を喰い違いとし、虎口前面に北面石垣から北に小石塁を延ばすことで、多数の折れを持たせる厳重な造りとなっている。曲輪周囲には石垣で構築された二段の帯曲輪が巡っている。曲輪Ⅰの西側には東西約五〇ｍ、南北約九〇ｍの曲輪があり、曲輪Ⅰの付属的曲輪とみられる。本来は石垣によって構築されていたとみられるが、崩落が顕著であり、南端には段がみられるものの、不明瞭となっている。北端には櫓台が配され、その西側には虎口が開口する。虎口付近の石垣は崩壊も顕著であるが、断面をみると一部に石材の面を大きく見せる、いわゆる鏡石積みが用いられていることがわかる。また、曲輪Ⅰ帯曲輪南側の一段下がった場所には、上面が平滑で中央に径約二〇cmの穴を空けられた直径一mほどの石が置かれる。これは肥前名護屋城や周辺陣城群でみられる「旗竿石」であった可能性が高い。

曲輪Ⅱ東虎口　内側南から

　曲輪Ⅰ西側曲輪から西に約四〇mの場所には、高さ約三mの石垣によって構築された曲輪Ⅱが設けられ、その間は幅約一〇mの通路で連絡している。曲輪の規模は東西約六〇m、南北約四〇mを測り、平面形状は長方形となる。曲輪の周囲には一段低い帯曲輪が巡っている。南西隅と北東隅に櫓台が配され、南西隅の櫓台は曲輪Ⅰ南東櫓台同様、北・西面に長櫓を付属しており、曲輪Ⅱにおける主要な櫓であったものと考えられる。虎口は東と北西に設けられ、東側虎口正面には立石を使った鏡石積みが認められ、門礎石とみられる石材も残っている。北西虎口は北側に大きく張り出した一五m四方程度の外枡形空間を持ち、高低差のある虎口内部には石段を設けている。虎口西側前面は石塁による閉塞がみられるが、改修の痕跡あるいは後世の改変とも考えられる。北側山麓の現集落域方面を向く虎口であり、その規模からも主要な登城道へとつながる虎口であった可能性がある。

　曲輪Ⅱの西方は尾根筋を段状に整形した小曲輪が連続しており、尾根筋上には土塁が西方に向かって続くようであるが、付近を通る道路や開墾によって一部が破壊され、不明瞭となっている。土塁は西方約二五〇mの地点から幅・高さともに約二mの規模で西方に向かうことが確認されることから、本来は土塁による長大な塁線が造り出されていたものと考えられる。その東端から約八〇

mの地点で土塁は北方に向かって屈曲し、山麓方向へと延びている。山麓方向に延びる塁線は半ば埋もれてはいるが、石材が確認されることから中途より石塁となっているとみられ、登り石垣の様相を呈する。塁線の外側となる屈曲部南面と登り石垣西面には七〜一〇m四方の「雉城」と呼ばれる方形の突出部が設けられている。屈曲部から約一五〇m北方の山麓に近い登り石垣端部下段には、三〇〜四〇m四方のいくつかの平坦地が確認される。最下段の平坦面は標高約一〇mであり、標高約五〇mの塁線屈曲部との高低差は約四〇mとなる。畑地として利用され、どの程度の改変がなされているかは不明であるが、周辺には石垣の痕跡などもみられることから、往時には山麓曲輪として利用されていた可能性が高い。この付近では多くの瓦や陶磁器が散布していることが知られ、駐屯あるいは居住施設が置かれていたことを想定させるものである。

曲輪Iの北側約九〇mの地点には、高さ約三mの石垣によって築かれた曲輪IIIが設けられ、曲輪間はやはり幅一〇m程度の通路で連絡している。曲輪の平面形状は不整形な五角形を呈し、東西約八〇m、南北約四〇mの規模を測る。北西隅と北東面にそれぞれ櫓が置かれ、特に北西櫓は上端約七m四方、曲輪下段からの高さは約七mを測る曲輪IIIの天守にも相当すべき主要櫓であるが、他曲輪の主要櫓が南の外海側から眺望できる位置にあるのに対し、北側内海側にある点で特色がある。北東櫓台北東隅付近には矢穴を残す築石も残っているが、櫓台の石垣は崩れが進行している箇所もあり、注意が必要である。虎口は南端部に開口しており、石塁の両端を食い違う形で屈曲させて枡形空間を造り出し、さらに西面石垣からL字状の石塁を延ばして多数の折れを創出している。虎口の南西隅からは下段の帯曲輪を仕切るための竪石垣が北西方向に下ろされている。曲輪IIIの南東側下段には幅一〇m程度の帯曲輪が石垣によって構築され、その東端には石塁によって形成された平入りの虎口が開口する。曲輪IV方面から曲輪IIIの下段となる帯曲輪を通って曲輪Iに至る通路となっていたものと考えられる。

曲輪IIIの東側には幅約一五mの大規模な堀切が設けられ、城域の東端を遮断していたものと考えられる。堀切には土橋がかかり、東方の曲輪IVへと連絡している。曲輪IVは東西約四〇m、南北約三〇mの規模を持ち、平面形状は隅丸方形となる曲輪であるが、城域を遮断する堀切の外側に位置することから、出曲輪的な機能があったと考えられる。一部に石垣が確認されるが、全体的には不明瞭である。北西面を中心に低位の土塁が巡り、北西面の一部が途切れることから、虎口が開口した可能性もある。北隅には幅約一〇mの竪堀が設けられているが、北東側の尾根筋を遮断する堀切は確認されていない。

曲輪Ⅲ北櫓（天守台）東より

尾根上に配された曲輪Ⅰ～Ⅲは、通路を挟んで総石垣造りの曲輪が並列的に配された特徴的な城郭構造となっている。各曲輪はそれぞれ天守にも相当する主要櫓を含む複数の櫓群、また複数の虎口を設け、周囲には帯曲輪を伴うといった諸施設を備えることから、いわば独立した曲輪空間であるともいえる。こうした構造は築城に関わった三将の意思を反映しているとの見方もあるが、城の性格や地形、また在番体制などを踏まえた検討が必要だろう。

以上みてきたように、安骨浦城は尾根上の総石垣の曲輪群を中心として、土塁・石塁による長大な塁線によって内海の熊東湾に面した山麓の現集落域を囲繞し、内部の駐屯、居住、港湾施設をも包括した城郭であったことがわかる。港湾施設を含むことから水軍の拠点的城郭としての役割を果たしたことは間違いないが、将兵の駐屯あるいは兵糧の備蓄など釜山西方沿岸地域の兵站を担う戦略的な重要拠点としても機能したといえよう。

（溝口彰啓）

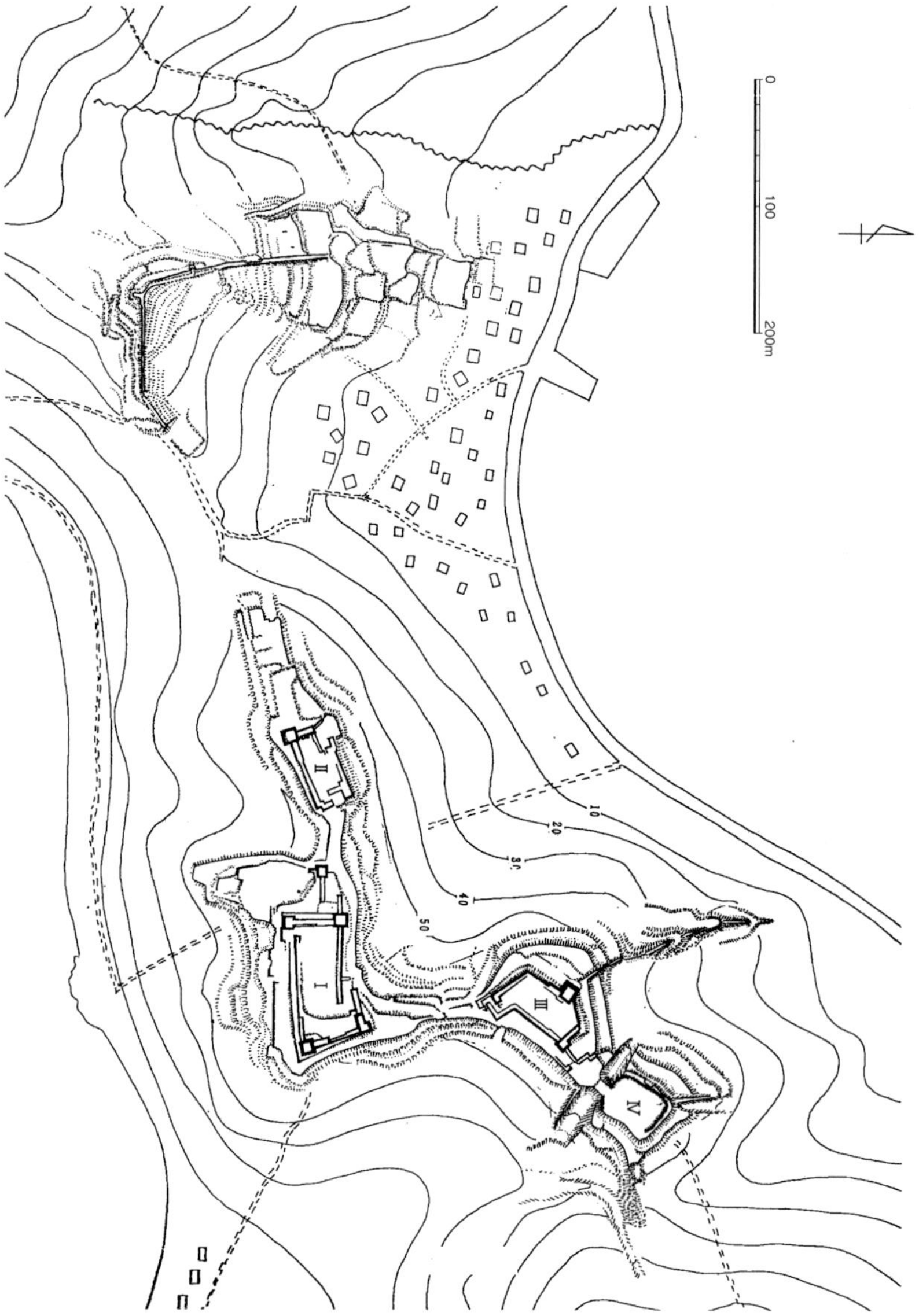


安骨浦城跡概要図（作図：髙田徹）

## 11
# 熊川城（こもかい城）
웅천왜성　ウンチョンウェソン

所在地　慶尚南道昌原市鎮海区南門洞南山
築城時期　文禄二年（一五九三）
築城者　小早川隆景・上杉景勝・小西行長
標高　一八四m
主な遺構　天守台跡　石垣　空堀
史跡指定　慶尚南道記念物第七九号

史料上、「熊川」「熊浦」とも表記されたが、むしろ「こもかい」というひらがな表記が多いため、当時はそのように呼称していたと思われる。

鎮海湾に突き出た岬の先端、三方を海で囲まれた海抜一八四mの「南山」に築かれた総石垣の山城で、西生浦城に次ぐ規模を誇る。東側に面する熊浦湾（倭城湾）は城に沿って北側奥まで回り込み、この鎮海湾側から隠れた入江が広い船溜まりとなっていた。東西に安骨浦・明洞の「端城《はじろ》」を置く「本城《もとじろ》」として位置づけられていたが、加徳島から巨済島に至る周辺倭城群の中でも規模・構造面で群を抜くことから、鎮海湾口の中心的城郭であったと思われる。このことは当時、明の役人に随行した朝鮮の接伴使李時発が熊川城について「城は海を填《ふさ》ぐようにして造られ、船着場は星のようにたくさん並んでいる」と表現していることからも読み取れよう。

文禄二年（一五九三）、豊臣軍は戦線後退に伴い朝鮮半島の南部確保のための拠点づくりに迫られた。このとき朝鮮出陣時に先鋒を務めた小西行長と加藤清正は、守りの面でも最前線を任されることとなった。このため熊川城は、加藤清正が築いた西生浦城と双璧をなす小西行長の城として知られている。実際にはこの城での攻防はなかったが、同二年の暮れに行長の求めに応じて渡海したイエズス会宣教師グレゴリオ・デ・セスペデスが諸将に伝導を行った城として、また同四年二月に行長が豊臣軍の釜山・対馬からの撤退を求める明側の代表と会した城として知られている。

築城の過程をたどると、まず文禄二年四月十二日に秀吉より「釜山浦」と「こもかい浦」をはじめ二〇城ほど

天守台より南側の登り石垣を見下ろす

の築城が命じられ、これを受けて翌月二十日には一八城の在番予定者が公表されている。但しこの時点で「本城」として具体的な城名が記されているのは「釜山浦」と「熊川」だけで、他はほとんど築城場所が定まっていなかったようである。このことから、熊川の地は早くから釜山とともに重要視されていたことがわかり、五月七日に加藤清正がここに陣を置いたとする記録も見える。五月二十日の時点で熊川の築城を命ぜられたのは小早川

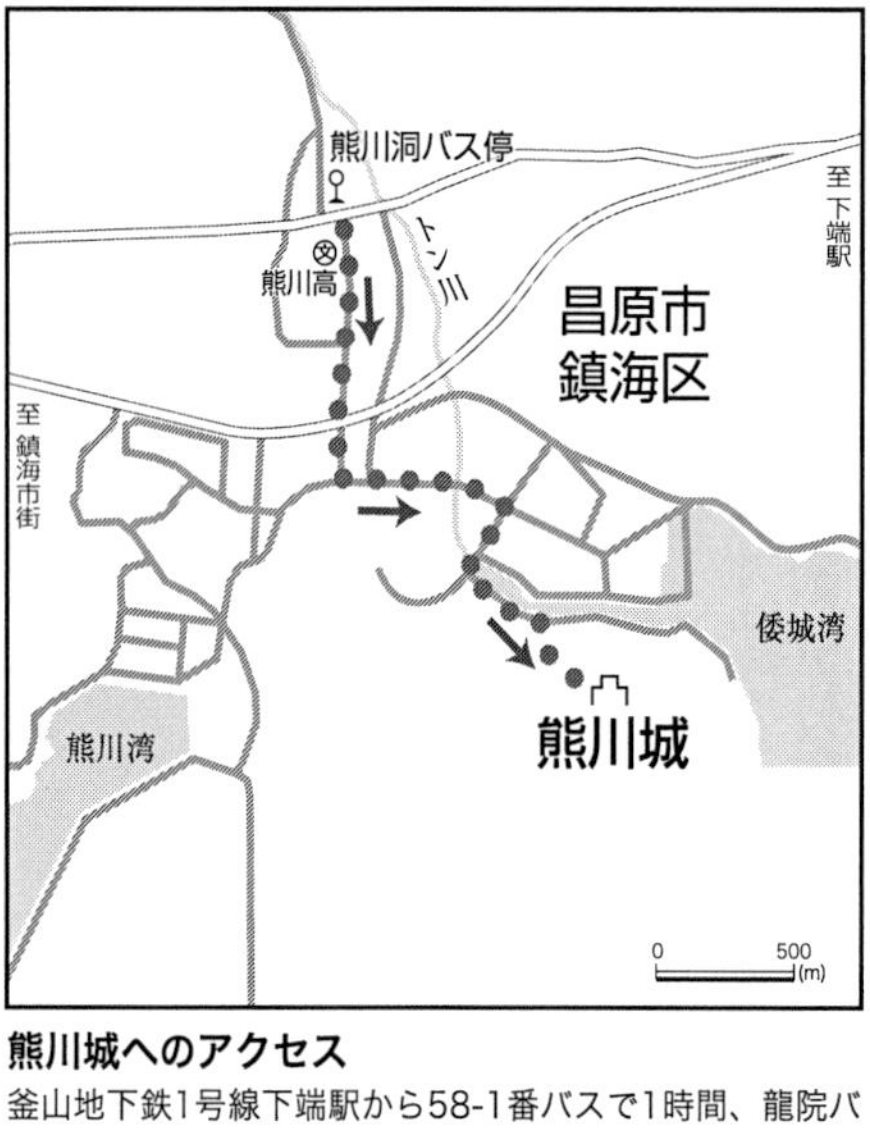


**熊川城へのアクセス**

釜山地下鉄1号線下端駅から58-1番バスで1時間、龍院バス停で315番バスに乗り換え40分、熊川洞バス停下車、徒歩30分。

安骨浦城跡より熊川城跡を望む

隆景軍六六〇〇人であったが、このあと上杉景勝が六月二十一日から五〇〇〇人を率いて加わり、九月八日には名護屋城へ帰陣した。この間七月に小早川は亀浦城に移り、これに代わって小西行長軍が入った。つまり熊川の築城は、小早川→小早川・上杉→上杉・小西→小西という順で継続して行われたようである。

文禄四年に入り、明との講和交渉の過程で、豊臣軍は城の破却を余儀なくされた。秀吉は五月から六月にかけて釜山・熊川以下数城を残すよう命じ、このため熊川城は破却した他の城の将兵たちを多数受け入れることとなった。しかし九月には破脚されたようである。

熊川城の大きな特徴として、本丸から南北に向けて築かれた竪堀を伴った二本の登り石垣である。南側の石垣は、天守台脇から鎮海湾側の断崖までの一〇〇m、北側は熊浦湾に至る六〇〇mにも及ぶもので、これにより唯一地続きであった南山の西面を完全に断ち切っている。

山上には八つの曲輪が配置されている。立石積みが見られる大手口の虎口、ここから主郭に至るまで虎口が連続するが、虎口が曲輪化したような箇所が見られる。なかでも主郭の手前の小規模な曲輪は、四方を別の曲輪で囲まれた枡形空間となって主郭を防備している。そしてこの枡形には隠し曲輪ともいうべき南側の曲輪が備えられている。主郭の南西隅にある天守台は、東西一七m、南北一五mと、倭城の中では最大規模を誇る。この天守台から東端の曲輪まで南側に面して二〇〇m余りも石垣が続く。さらに天守台下の登り石垣を四〇mほど下ったところに、天守台規模の櫓台があり、ここから東へ三〇〇m余りも石垣が続いて帯曲輪を形成している。つまり二段にわたって東端の高層建築から西端まで城壁が長く続く構造になっている。これは明らかに海上からの偉観を意識したものであり、実際に宣教師セスペデスは「熊浦城は難攻不落を誇り、（中略）巨大な城壁、塔、砦が見事に構築され」と賞賛し、接伴使《せっぱんし》李時発は「山勢《さんせい》甚《はなは》だ峻なり、めぐらすに石城を以てし」と堅固さを認めている。

熊浦湾に面した北側の山麓には、石垣で囲まれた曲輪群の遺構が見られる。現在はほとんどが畑地となって段々状になっているが、よく見るとそれらは石垣によって区画されている。これらがセスペデスによる「城の麓に、すべての高級武士、アゴスチーノ（小西行長）とその幕僚、ならびに連合軍の兵士らが陣取っています。彼らは砦、よく建てられた広い家屋に住んでおり、武将の家屋は石垣で囲まれております。」という報告と合致するため、小西行長をはじめとする将兵たちの屋敷郡の跡と思われる。セスペデスによると、自身は行長の弟与七郎とともに山上に住んだが、行長の指揮下にあった有馬晴信・大村喜前・五島純玄・松浦鎮信・天草久種・栖本親高ら九州の大名とその配下たちの屋敷は、何れも海に沿った場所にあったという。なかでも行長の娘婿にあたる宗義智は複数の屋敷を所有し、贅を尽くした住まいは行長を凌ぐものだったという。また李時発は、城内に屋敷が密集していた様子を「鱗が並ぶよう」と表現している。

かつて海上に対して威容を誇っていた熊川城だが、その海は近年の「鎮海新港開発計画」に伴い埋め立てられてしまった。今後は景観の変貌だけでなく、山麓一帯の開発が懸念される。

（前田利久）

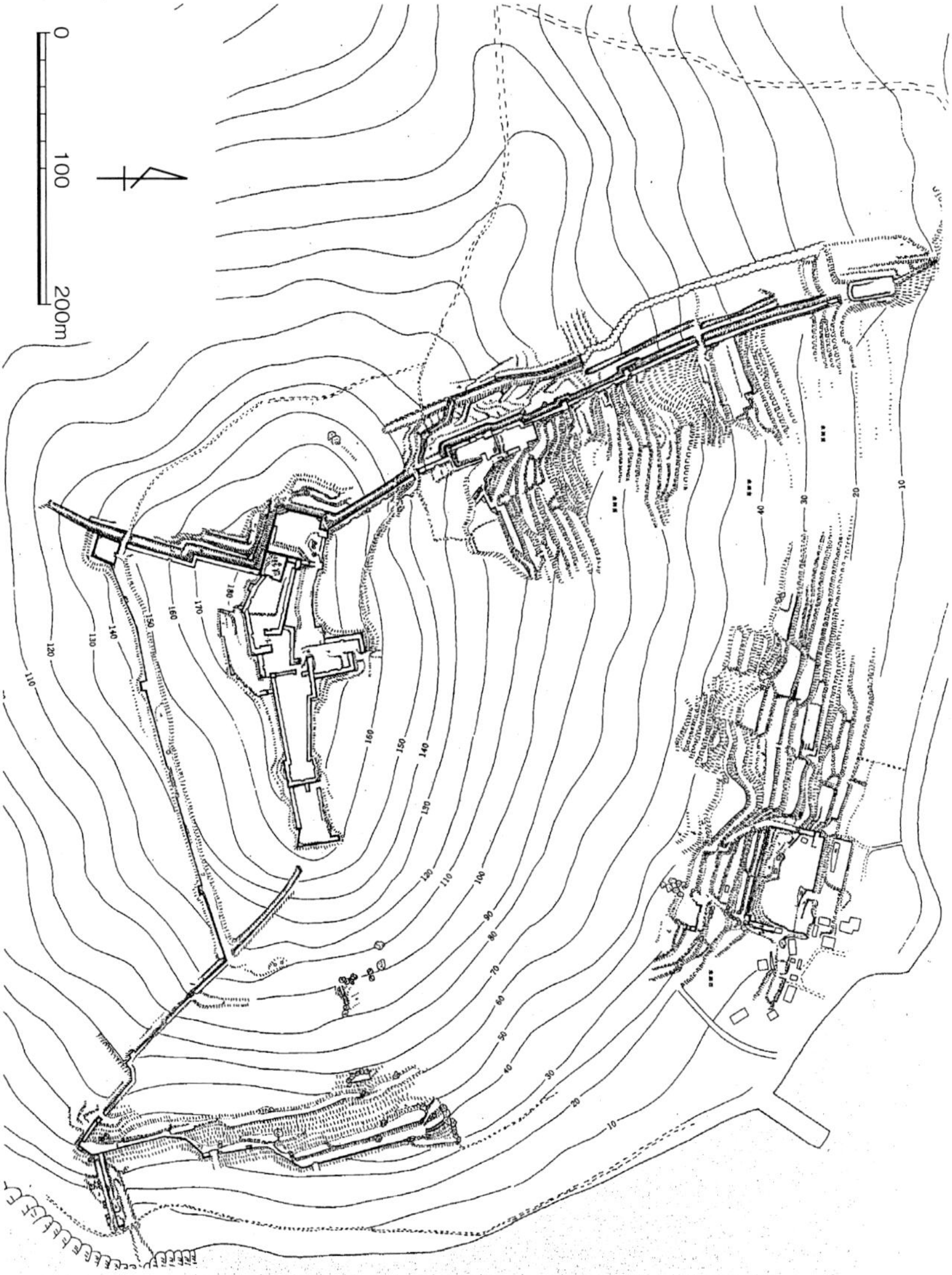


熊川城跡概要図　（作図：髙田徹）

# 12 明洞城
명동왜성
ミョンドンウェソン

慶尚南道有数の港湾都市の一つ、鎮海の南、明洞にあり、熊川城から熊川湾を隔てた西方二・五㎞の丘陵上に明洞城は位置する。

城の曲輪配置は、標高一五五mの最高所を頂点として、そこから派生する尾根上あるいは、微高地上に散在的に配置し、それぞれが一つの城郭として完結している(図中A～D)。

山頂の曲輪群Aは、東西約七〇m、南北約二五mの小規模なもので、全体を砂岩や礫岩を主体とした石材による石垣で囲み、二～三段に仕切っている。仕切られたそれぞれの曲輪には南側に平入りではあるが、石垣によって構築された虎口を構える。小型の曲輪ながらも、石垣で厳重に固められた倭城らしさが感じられる。

このAの曲輪から北東側には緩やかな尾根地形が続いており、曲輪を造成するには容易な地形ではあるが、造成がなされた痕跡は全く見あたらず、積極的に利用したとは考えがたい。Aの西側、約二〇〇m地点には、尾根が緩やかとなった地形があり、そこにBとCの曲輪群が築かれている。

Bは明洞城の中でも最も広い面積を有する曲輪で、山頂側に堀切を設けて防御すると共に、残りの三方を石垣で固めている様子が看取できる。石垣での防御ラインは確認できるものの、内部の平坦面は造成がしっかりとはなされておらず、緩やかな地形となっている。より多くの兵を安全に守るための駐屯地的な性格が考えられる。

Cも、A同様、小型の曲輪で、内部で二段ほどに仕切られている。しかし、虎口は平入りもしくは枡形を呈するもので、石垣で固められた立派なものである。ただ、

| | |
|---|---|
| 所在地 | 慶尚南道昌原市鎮海区明洞 |
| 築城時期 | 文禄二年か |
| 築城者 | 宗義智、松浦鎮信か |
| 標高 | 一五五m |
| 主な遺構 | 曲輪・堀切 |
| 史跡指定 | 未指定 |

明洞城の石垣

この箇所は近年の墓地造成により改変がなされ、石垣もかなり崩されていて、遺構の認識が難しくなっている箇所ではあるが、かつてはAのような構造を呈していたものと思われる。

Bの曲輪から、近年の切り通しの車道を挟んで海側の微高地Dにも曲輪を確認することができる。こちらは集落に近いこともあって、畑地となっていて後世の改変も著しいが、北面を中心に横矢の屈曲を持った石垣や虎口

**明洞城へのアクセス**

鎮海から明洞行市内バス303か306号で40分、明洞バス停下車。タクシーの場合、鎮海駅から25分。

明洞城の虎口

を見ることができる。

これらA～Dの城郭遺構は、文献上のどの倭城にあたるのかまだよく分かっていない。ただ、近辺に熊川城があって、その近くには宗義智や松浦鎮信らの熊川支城があったとされており、これら熊川城の支城の一つであった可能性も指摘されている。

（岡寺　良）

明洞城最高所からの眺望（手前にDの曲輪が見える）

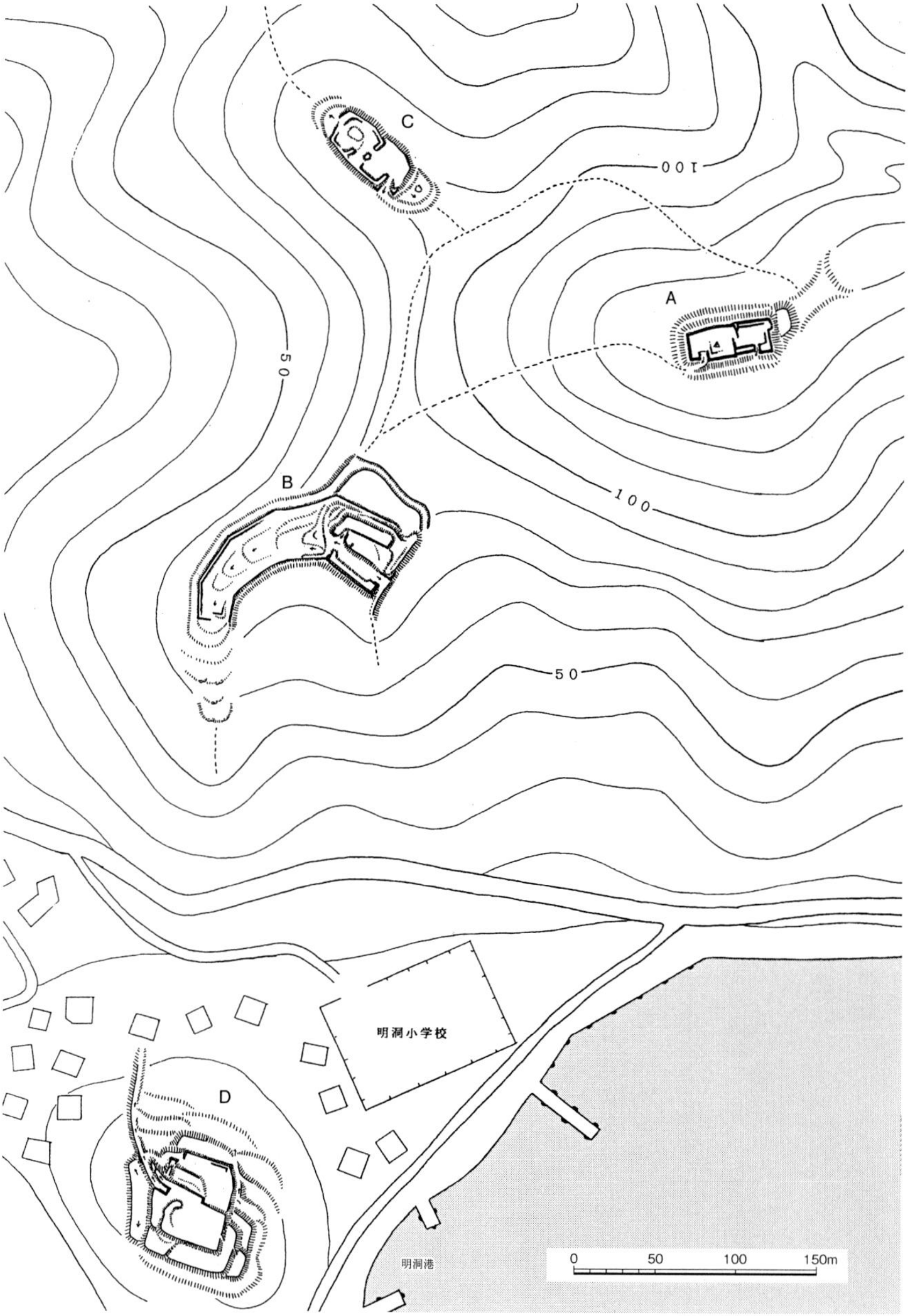


明洞城跡概要図（作図：角田誠）

Column

# 倭城が日本の城郭に与えた影響

下高大輔

現在、筆者の身近にある城跡である滋賀県彦根市所在の特別史跡彦根城跡には、「登り石垣」という特殊な城郭遺構が存在する。

「登り石垣」とは、簡単にいうと山斜面を登るように築かれた石垣ないし石塁のことを指す。地形図表記の等高線に対して直角に配置される形となる。当然、山斜面に配置されるものであるから、山上部と山麓部の城郭施設を繋ぐような配置となっている。一般的に、「登り石垣」について解説する場合、豊臣秀吉が晩年に行った朝鮮出兵の際、朝鮮各地で豊臣軍が築いた倭城において顕著に見られる城郭遺構であり、日本では洲本城（兵庫県）や松山城（愛媛県）など限られた城にしか見ることができないという内容になっている。つまり、国内城郭に採用された「登り石垣」は、倭城の影響を受けたものであるということである。彦根城跡で確認できる五本の「登り石垣」も、脇坂安治が築城した淡路洲本城と加藤嘉明が築城した伊予松山城と同じ構築目的・機能で、倭城の築城技術を採り入れたものであるということなのであろう。脇坂・加藤両氏は朝鮮出兵の際に豊臣水軍を編成した渡海大名である。

ところが、近年、彦根城の縄張りについて考察を加えた城郭研究者の一人である髙田徹氏が興味深い意見を述べられている。彦根城の「登り石垣」（氏は「竪石垣」と呼ぶ）は、朝鮮半島に出兵した渡海大名が築いた洲本城と松山城とは構築目的・機能が異なると言及しているのである。これについて、筆者も同意見であり、氏の主張と被るところがあるが、その理由を述べてみたい。

斜面に構築された「登り石垣」の構造は、先述の三城とも同様である。しかし、「登り石垣」が囲っているものに目を向けると、三城が同じであるとは言い難いのである。洲本城と松山城の縄張り全体構成は、山頂部曲輪群を中心に、山麓一面に山麓曲輪群と城下町を配する。両城ともこれらに向けて二本の「登り石垣」を配置し、主に山上曲輪群と山麓曲輪群を一体のものとして囲い込んでいる。しかし、彦根城の「登り石垣」は山上曲輪群から放射状にほぼ等間隔に山麓部曲輪群に向けて竪堀とセットで配置されている。その囲っている対象は、山麓曲輪群全体というよりも山麓曲輪群の諸施設（例えば、表御殿や御城米蔵など）ごとなのである。山麓曲輪群は「登り石垣」によって、囲い込まれて防御されているわけではなく、琵琶湖と直結した内堀によって防御された空間を創出しているのである。

それでは、彦根城の「登り石垣」は何の目的で、どのような機能を発揮するのであろうか。それを紐解くのに重要な施設は、近世城郭での採用は珍しい「山切岸」の存在である。彦根城は総石垣の近世城郭であるとの評価が一般的であるが、実は随所に中世城郭の諸施設が採用されている。それが、山麓曲輪群の山際全体に施された人工的な急斜面である「山切岸」なのである。ここからは容易に山中には登れない。そこで侵入者は山上部に直結した四本の登城路を登ることとなる。しかし、山上曲輪群に侵入するには各曲輪の城門を突破しなければならない。そこで、防御が手薄な各曲輪石垣からの侵入を試みるために、侵入者は山中を横移動することになる。その際に容易に横移動させないようにした施設こそが彦根城の「登り石垣」ということになる。よって、彦根城の「登り石垣」は山上・山麓部全体を囲い込んで、ある一定の地区を確保するという機能ではなく、中世城郭に見られる施設である竪土塁が石垣・石塁化したものと評価すべき施設なのである。ちなみに彦根城は、関ヶ原の戦い直後の築城であり、前半は公儀普請、後半は徳川氏譜代大名筆頭の井伊氏単独で普請、築城された。井伊氏をはじめ徳川氏は朝鮮出兵の際は、いわゆる在陣大名として、朝鮮出兵の総司令部である肥前名護屋城には出兵しているが、朝鮮半島には渡海していない。また、公儀普請に参加したとされる各大名も同様なのである。つまり、倭城を築いていない大名衆によって築かれた城が彦根城なのである。このように城郭遺構からの考察や文献史料に残された歴史的事実から、彦根城の「登り石垣」に限っては倭城の影響を受けた城とは言い難く、「登り石垣」という城郭施設に限定した場合でいうと、倭城の影響を受けて築城された主な城は脇坂安治の淡路洲本城と加藤嘉明の伊予松山城のみといっても過言ではないだろう。ちなみに、淡路洲本城の「登り石垣」構築時期は文禄・慶長期頃、伊予松山城の築城時期は朝鮮出兵後の慶長七年とされているから、脇坂・加藤の渡海大名が倭城で構築した防御施設を自らの居城に採用したと言っても問題なかろう。つまり、すべての「登り石垣」が倭城の影響とは言い難いのである。

しかし、こんなにも倭城が日本の城郭に与えた影響は限定的なものなのであろうか。筆者は、織豊期の近畿地方の山城に限定してではあるが、その石垣構築箇所とその築き方に着目して最近考察している。簡単にまとめると、天正四年（一五七六）に織田信長が築城した安土城によって全山総石垣の城が出現したことは周知の事実である。しかし、その後にそれが各城郭に拡散・普遍化したのではなく、山城における全山総石垣が普遍化する時期は文禄の役以降のことであり、天正年間における山城の石垣は、安土城という特異な事例を除いては、城郭主要部のみであったと考えた。そして、その石垣の構築方法については、安土城も含めて、山斜面の自然地形に即した形で基底部を配するというものであり、その構築は限定的でかなり高い技術を必要とすると考えた。一方、文禄の役を契機に普遍化していく、石垣構築は、その構築箇所をまずは平坦化し、そこに平城における石垣構築条件を人工的に創り出して、自然地形に制約されることなく石垣を築き上げるという工法であったと想定した。この築城技術の多用と拡散の要因としては、当時の日本にとっての未曾有の対外戦争であり、敵地に自軍の橋頭堡を逸早く確保するにあたって、誰もが限定的かつ高い技術がなくとも、より簡単に早く築くことができる工法を採用した結果ではないのかと述べた。この技術が、慶長の役終結後で、国内を二分した関ヶ原の戦いの後の諸大名の国替えで全国的に発生した軍事的緊張関係を具現化した「慶長の築城ラッシュ」で全国に伝播・拡散したのではないだろうか。

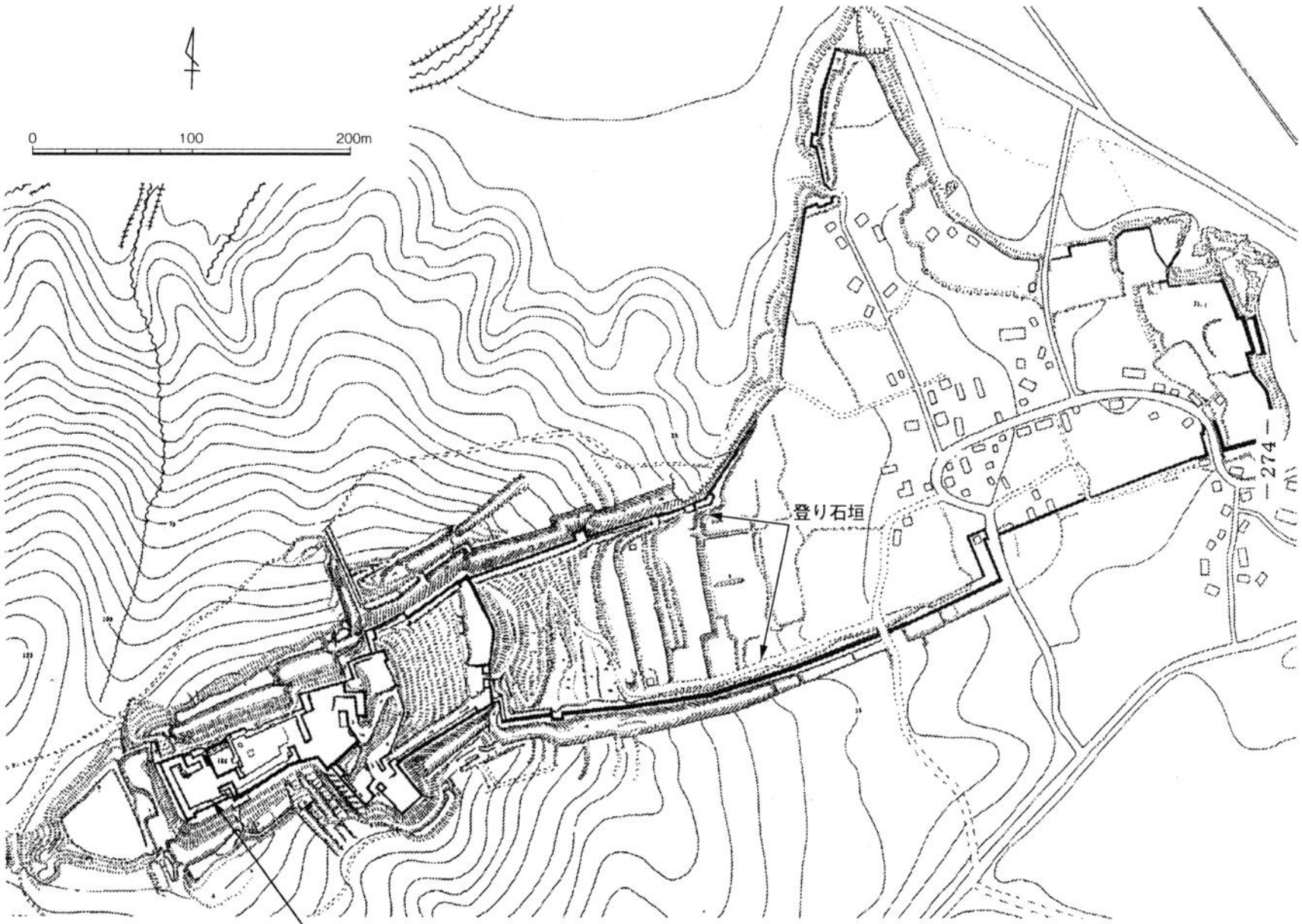


倭城　西生浦城跡概要図（作図：髙田徹）

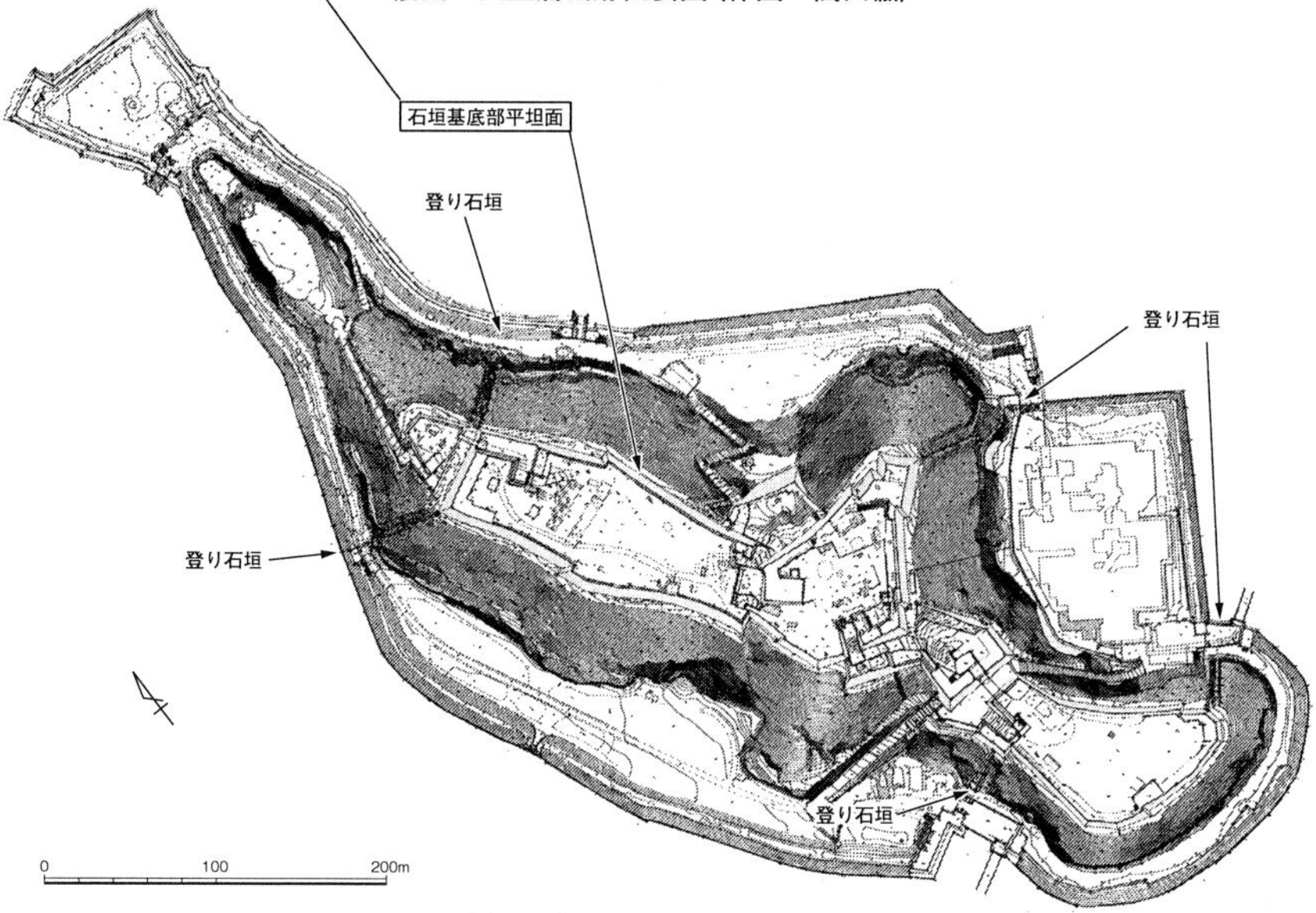


彦根城跡　山城部分詳細測量図
（彦根市教育委員会2012『平成22年度　彦根市文化財年報』より転載・加筆）

## 13

# 加徳城（かとく城）

가덕왜성　カドクウェソン

加徳水道の南に浮かぶ加徳島と砂嘴で繋がる小さな島・訥次島の頂部に築かれた城である。湾を挟んだ北西対岸（直線距離で約四km）に安骨浦城、さらに熊東湾を挟んで約四km西側に、この地域の拠点となる熊川城が位置する。この三城の連携によって、熊東湾入口と加徳水道を抑えるとともに、港湾を含めた海岸部を守備していた。

韓国では、加徳島の城北里の背後の標高約五六mのカルマ峰山頂部を加徳城（本城）とし、訥次島の頂部を加徳城子城としている。湾口の東西両側に築かれた城の内、訥次島頂部の石垣は、明らかに日本式の石垣であるが、カルマ峰山頂部の石垣は、朝鮮式山城の石垣となる。従って、本稿では、訥次島の頂部の城を加徳城として取り上げることとした。

| | |
|---|---|
| **所在地** | 釜山広域市江西区訥次洞 |
| **築城時期** | 文禄元年（一五九二） |
| **築城者** | 毛利輝元？ |
| **標高** | 約七〇m |
| **主な遺構** | 石垣・天守台 |
| **史跡指定** | 未指定 |

文禄元年（一五九二）、釜山へ侵攻した豊臣軍は、総勢約一五万八千の大軍勢で、わずかの間に王府のある漢城を占拠してしまう。だが、深入りしすぎて延びきった戦線を分断されてしまった豊臣軍は、補給路や港湾施設を確保するために、朝鮮半島南西部に城を築くことになる。同年、毛利輝元に加徳島への城普請が指示されており、完成後に小早川隆景・毛利秀包等が守備したと言う。翌年には、加徳島に九鬼嘉隆・脇坂安治・藤堂高虎ら水軍勢（船手之衆）が配されている。

城跡の現況を見ると、近代の開墾によりかなりの部分が旧状を留めていない。標高約七〇mの頂部を中心に逆「く」の字形に伸びる尾根上に南北約五〇〇m×東西約一五〇mの範囲に曲輪として利用されたと推定される平坦面が広がる。かつての城の面影を伝える部分は、最高所に位置する主郭と想定される曲輪の周囲を囲む石垣が散見される程度ある。北側尾根続きの二ヵ所のピーク上にも平坦面が見られ、さらに周囲を堀で囲んでいたような痕跡も認められるが、開墾により畑地となっており旧状は判然としない。また、南西に伸びる尾根筋は細尾根となり、先端部分に階段状の曲輪らしき痕跡と低石垣が認められ、ここまで城が広がっていた可能性が高い。現状では、これらの曲輪群は、個々が尾根ごとに分散配置されていた状況を示す。

城跡へは、海岸線から訥次小学校を通り、畑へと続く通路を利用し、最高所の主郭をめざすのが便利である。だが、山上に広がる畑地は、近年になって耕作が放棄されたようでかなり荒れ果てている。耕作が行われていた時に、段々畑状に改変したようであるが、城跡の曲輪を再利用し畑としたのか、新たに階段状に造成したのかは判然としない。石垣は、主郭周囲のみで周辺域で確認は出来ない。また、空堀や土塁等の痕跡についても、草木が覆いつくす状況でいかんともしがたい。

主郭南下から東方向を見る

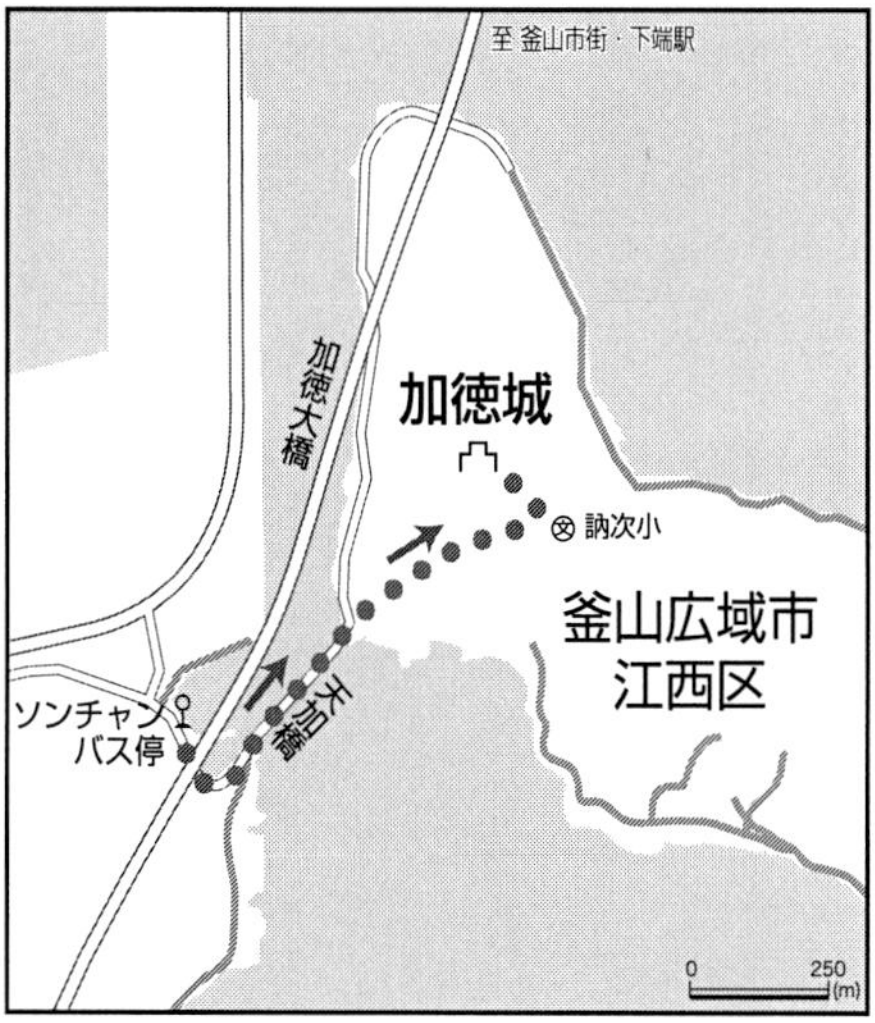


**加徳城へのアクセス**
釜山地下鉄1号線下端駅から58番バスで1時間20分、ソンチャンバス停下車、徒歩20分。

最高所に位置する主郭は、南北約五五×東西約四〇mの規模で、不整形の台形を呈す。周囲を石垣で囲んだ総石垣造りの曲輪であるが、南東面を中心に草木の繁茂が著しく全容を把握するのは困難である。石垣の高さは、現況で約一～三mで、小ぶりな自然石を横方向を基本として積み上げた野面積石垣である。北東隅が方形に突出しており、ここを天守台とするのが妥当で、その規模は約八m四方となる。東側、南側が本丸と接続するため、何らかの櫓等が天守に接続していた可能性が高い。南西隅の虎口と推定される遺構は、現在祠が祀られ、石塁によって閉塞されている。

天守台南西面

石垣は南東部を中心に残存状況が良好であるが、他は一部に積み直し等が認められる。西側の石垣を除きほぼ一直線で、西側のみ折れを持ち出入りが激しい。これが横矢を掛けるための折れなのか、近年の積み直しに伴うものなのかは判断しがたい。主郭内の平坦面は、開墾による削平によって破壊を受けている。

主郭北側約一〇〇m、鞍部を挟んで南北約三〇×東西約三五mのほぼ方形の平坦面が残る。下段の腰曲輪状の平坦面からの高さは約五mで、西側及び腰曲輪に石垣の一部が残存し、北側にも崩落した石材が認められるため主郭同様の総石垣の曲輪が想定されているが、草木の繁茂が激しく今回石垣を確認することは出来なかった。

主郭南西側細尾根先端部の幅約一〇×長さ九〇mの範囲に、階段状に小曲輪が連続し、各曲輪群は低石垣で囲まれていた。虎口遺構の存在も指摘されているが、あまりの草木の繁茂で低石垣を確認するものの、階段状の曲輪の数や虎口遺構の確認に至っていない。周辺域の港湾を押さえる倭城は、いずれも石垣によって各曲輪が接続し、尾根筋全体を防御しているため、近代の開墾によって石垣が撤去された可能性も高い。

（加藤理文）

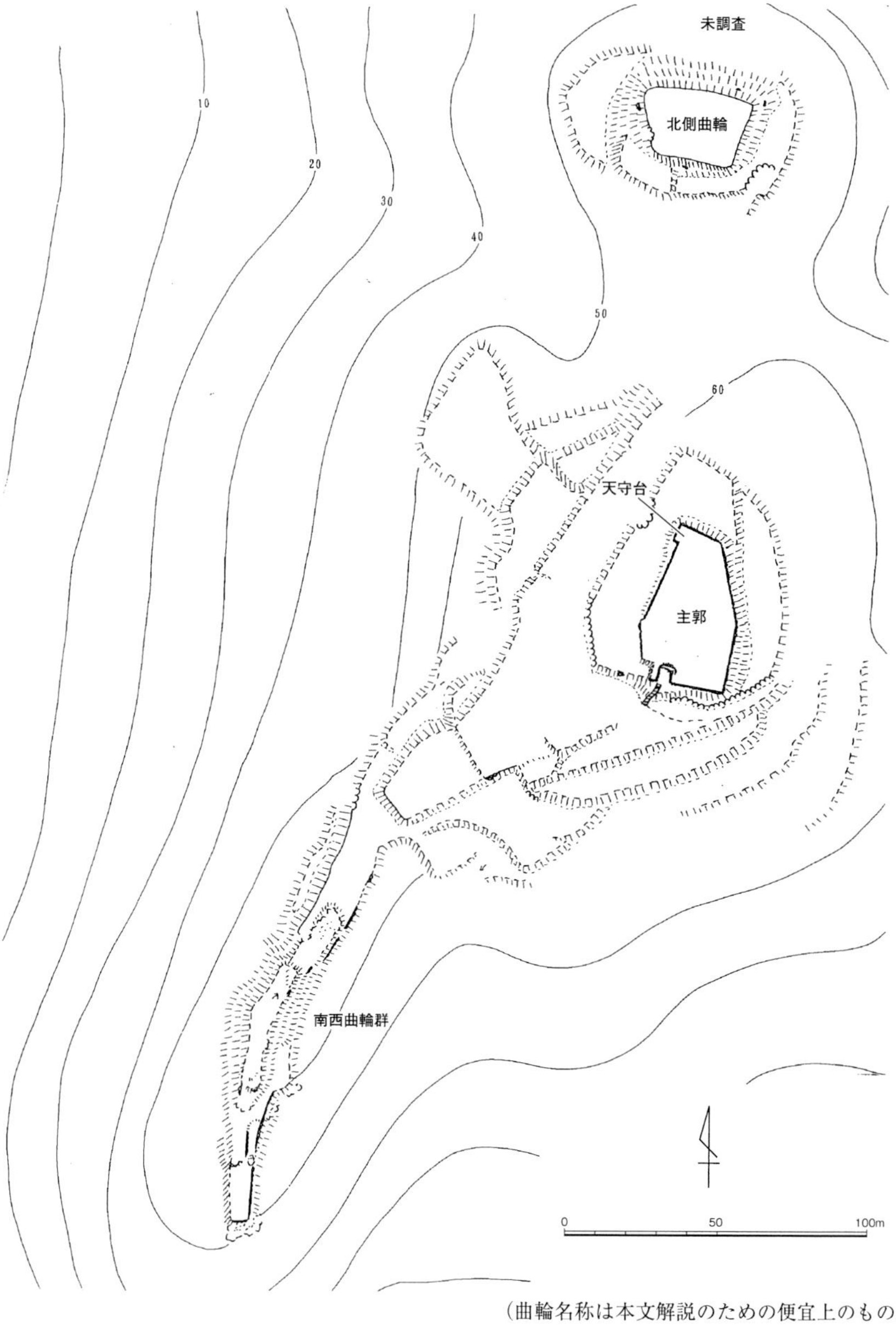


（曲輪名称は本文解説のための便宜上のもの）

加徳城跡概要図（作図：髙田徹）

## 14

# 馬山城（ちゃわん城・昌原城）

마산왜성　マサンウェソン

所在地　慶尚南道昌原市馬山合浦区山湖洞
築城時期　慶長二年（一五九七）
築城者　不明
標高　九〇m
主な遺構　石垣　竪土塁　竪堀
史跡指定　未指定

馬山城は、慶尚南道のほぼ中央、馬山湾を臨む比高約九〇mの丘陵の一角に築かれている。城の築かれた丘陵は東西に細長い。このうち城郭遺構を残すのは、東側三分の一に過ぎない。残り西側の三分の二は自然地形であり、しかも地形的に城域よりも高くなった部分を有する。鞍部で隔てられているとは言え、背後に城域を見下ろす高所を放置したかのような選地である。

この城は、慶長の役時に築かれた。築城を担当した大名は定かではないが、在番にあたったのは鍋島直茂・勝茂である。当時は昌原城・ちゃわんの城と呼ばれていた。同じ時に鍋島氏は金海竹島城にも在番しており、史料では「竹島昌原」のように金海竹島城と馬山城がセットとなってしばしば記されている。構造・立地面等からすれば、金海竹島城の方が拠点性を有し、大規模である。馬山城は、西方に位置する固城城と東方の金海竹島城を陸路・海路で結ぶ中継地としての役割を担っていたと考えられる。それは、泗川城と順天城の中間に位置した南海城に近しい役割が想定できる。

実際、豊臣秀吉が死去し、倭城に駐留する武将を秘密裡に撤退させる際、まずは馬山城の兵を金海竹島城へ合流させる指示が国内の五大老によって出されている。馬山城は金海竹島城の支城的存在でもあった。恐らく普段は、鍋島氏の重臣が配置され、守備していたものと思われる。

後に蜂須賀家政が金海竹島・馬山城に入り、修理を加えている。戦前には「島津城」と呼ばれていた時もあるが、島津氏との直接的な関わりは知られない。

A側から見たB

城跡のある丘陵は、現在山湖《サンホ》公園となっている。山上までは車道も付いているので、探訪しやすい。少し以前は遺構の残る東端付近は、山林となっていた。近年の公園整備に伴う遊歩道建設により、遺構の一部が破壊され、植栽等によって改変された部分が多い。遺構は東西約二五〇m、南北約一二〇mの範囲に広がっている。

城内で最高所にあたる主郭Iは、東西約五〇mと細長い。I西裾のAは埋没しているが、本来は堀切が設けら

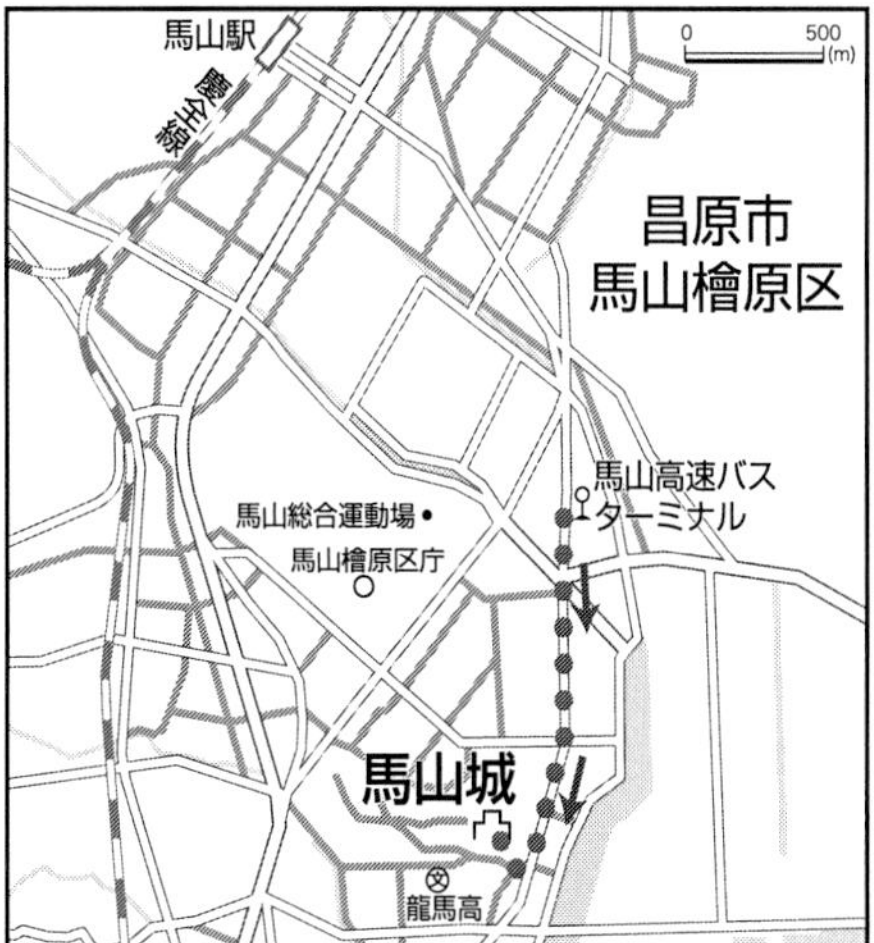


**馬山城へのアクセス**

馬山高速バスターミナルから徒歩20分（山湖公園内）。

B南東側の石垣

れていたと考えられる。Aの斜面側には竪堀状の落ち込みが見られ、堀切の痕跡を止めている。Aの東側は岩盤が露われ、上部に間知石(方形に加工された石材)が積まれている。間知石は近時に積まれたもので、その下部に積まれた石垣が本来の遺構を伝える(ただし、積み替えられている部分を含む)。石垣は岩盤の北側あたりでは約五mの高さを有するが、南側では二m前後と低めである。上部が崩されているとしても、それほどの高さがもともとあったとは思えない。Bには、現在忠魂塔が建っている。南側は塁線が張り出しており、Bは天守台の有力候補地と言えよう。

忠魂塔の東側一帯は本来の石垣を止めるが、北側は遊歩道の建設により大きく破壊を受けている。石垣は間知石を多く用いた、新しいものとなっている。

主郭の北東隅はやや高くなり、すぐ西側のCは凹んでいる。虎口跡である可能性が高い。Iの東側には、Ⅱ郭がある。現状では石垣の痕跡は見当たらない。

Ⅱの南東裾あたりから東側斜面に向かって、竪石垣(登り石垣)Dが設けられている。階段状に、小分けに積み上げたような竪石垣であり、洲本城(兵庫県洲本

竪石垣Ｄ（南東側から）

市）の竪石垣に類似している。急な斜面に設けられているので、崩れにくくするための処置であろう。竪石垣Ｄは遊歩道により、近時破壊が進んだが、以前は三〇ｍほどに渡って伸びていた。下方は、早くに斜面が崩落して失われたようである。

Ｄの対となって東側斜面を囲い込んでいるのが、竪土塁Ｆである。一部に石垣を残しており、以前は上部が石垣で覆われていたと考えられる。竪土塁Ｆの北側には、セットとなる竪堀Ｆが設けられている。二〇ｍほどの幅を持つ竪堀であるが、竪土塁Ｅとほぼ起点を同じくし、いずれも斜面途中から伸びている点でも共通している。竪堀Ｆは中間で途切れるが、山裾近くで延長部が確認できる。

Ｇは、竪土塁Ｅ直下に設けられた櫓台である。竪堀Ｆ側に張り出しており、竪堀内部に進入した敵、あるいは竪堀に接近した敵に対する構えであったと考えられる。

櫓台Ｇの裾からも、竪土塁のラインが東北方向に伸びているのが確認できる。

櫓台Ｇの東側には帯曲輪状の平坦地が三〜四段程度続くが、不明瞭な部分が目立つ。それでも子細に観察する

竪堀F

と、石垣があちこちに確認できる。特にHには櫓台と考えられる、張り出した石垣が存在する。

今、城郭の山裾はすっかり都市化してしまっている。戦前の地形図を参照すると、山裾と海岸を結ぶように、二本の堀・土塁のラインが見出される。この堀・土塁は、山腹の竪石垣・竪土塁と一体になり、海岸までの間を囲い込んでいたと考えられる。すなわち着船する空間を防御していたとみられる。

ただ旧海岸線（現在は水路）と山裾の距離は、一五〇m程に過ぎない。つまり山上・山腹・山麓部を含めても、こぢんまりとした城郭であったのである。

城郭自体の縮小・凝縮化は、限られた兵で最低限の防備が当初から意図されていたためであろう。背後に高所を抱えながら堀切や石垣、そして恐らく天守を配置することで防備は十分、と認識されていたと思われる。それは守備する人間の、城郭に対する信頼・期待度の表れとみなすこともできる。このように縄張りからも支城的な様相が見出せる倭城である。

（訓原重保）

## 119　馬山城

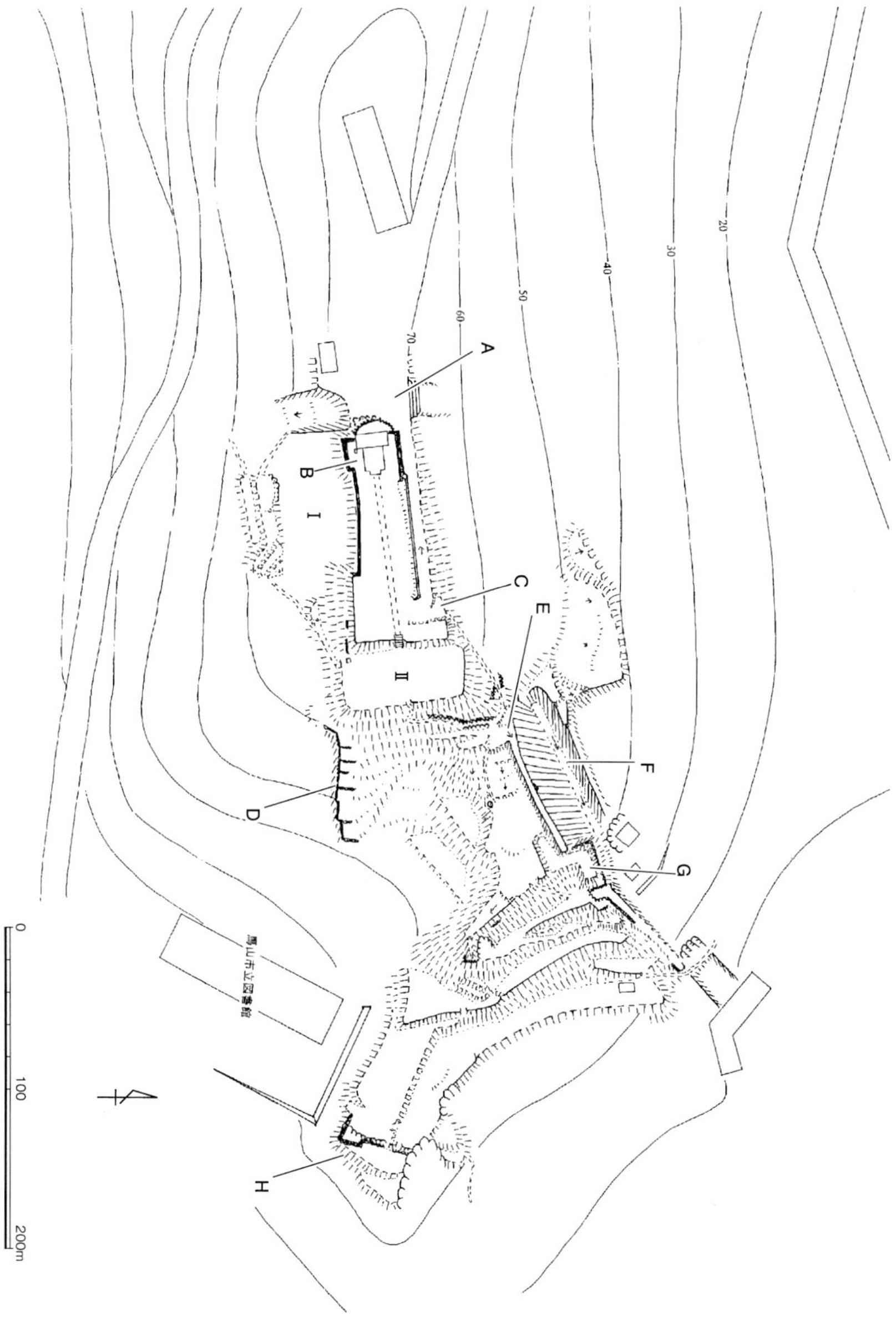


馬山城跡概要図（作図：髙田徹）

# 15 永登浦城

영등포왜성　ヨンドンポウェソン

永登浦城は、朝鮮半島南岸に位置する巨済島の北端に豊臣軍によって築城された日本式の城郭である。巨済島は対馬に最も近く、南海を挟んで朝鮮半島に睨みを利かせることができる位置関係である。文禄・慶長の役の際、巨済島は、他にも海岸線などに松真浦・長門浦・見乃梁城などの日本式城郭が築城され、島そのものが豊臣軍の橋頭堡の役割を担っていたといっても過言ではないだろう。こうした中で永登浦城は、島内の城郭の中で最も高い標高に位置する山城であり、島内の城郭は言うに及ばず、朝鮮半島側に築かれた熊川城や安骨浦城などを目視で確認できる位置関係であった。築城時期については、開戦間もない文禄元年（一五九二）と考えられており、築城の立地などからも差し支えないものと考える。

李氏朝鮮王朝によって編纂された『宣祖実録』宣祖二十八年（文禄四・一五九五）十一月庚午条に、「永登浦倭将義弘来陣」という記述があることから、九州薩摩より出兵していた島津義弘が在城していたことはほぼ間違いないと考えられる。

永登浦城の主要部は、標高二五七・七mの大峰山山頂からは少し北側に下った南北方向の尾根線上に築かれている。最も広い尾根上中央部に天守台を持つ主郭を配置する。これらは石垣で構築されていることは言うまでもない。石垣は反りがなく、緩やかな傾斜で積まれた築石、間詰石も一定量使用されていることなどからも文禄年間に構築されたものと推察できる。天守台は主郭の西端に位置し、完全な正方形ではなく西面に入隅を造り出す構造である。これは主郭の北から西側に展開する曲輪との間にある斜面に合わせる形で石垣構築を施した結果とも考えられる。さらに天

| | |
|---|---|
| **所在地** | 慶尚南道巨済市長木面旧永里 |
| **築城時期** | 文禄元年（一五九二） |
| **築城者** | 島津義弘・忠恒 |
| **標高** | 二二五m |
| **主な遺構** | 石垣・天守台・虎口・曲輪・竪堀・竪土塁・堀切など |
| **史跡指定** | 未指定 |

守台は主郭側に向いて石階段を確認することができ、普請面において天守への登閣口を確保していたことがわかる。そして、単純に登閣口に至ることができないように天守台前面には石塁によって、枡形状の虎口を設けているのは特徴的である。主郭には南北に一カ所ずつ喰い違い虎口を配置しており、主郭中央部には天守台前面の虎口に伴う石塁とは別の石塁を設けて、曲輪の二分利用を意図した構造と推定できる。主郭の北から西側には天守に見下ろされる帯状の曲輪が配置されている。全面が石垣で構築されているわけではなく、西面の谷状地形にのみ石垣を配置している。この石垣は谷状地形に沿った形で湾曲しているのが特徴的であり、自然地形に即した石垣構築技術が臨戦体制化での築城に利用されたことは石垣構築技術の発達を語る上では興味深い。この曲輪の西側には一段下がった石垣のない曲輪を配置し、さらに西側にもう一段下がった箇所に城域最西端の曲輪を配置している。この曲輪はすべて高石垣によって構築されており、横矢掛けを意識した構造となっている。この曲輪の南西隅の石垣基底部からは、南に展開する谷筋に向けて巨大な竪堀と竪土塁がセットで築かれている。

一方、主郭の南側には細長い尾根上に複数の曲輪を配置する。しかし、その曲輪群は、単純な雛壇状の曲輪配置ではなく、尾根線を遮断する配置で石塁を複数構築して、曲輪化している。さらに主郭から南へ二つ目の曲輪に至っては、石垣と石階段によって虎口を設けて、一旦、西斜面に下らせて、尾根線上に平行になる形で帯曲輪を造り出して、城内道としている。これは、侵入者に対して単純に尾根線上を通らせるのではなく、防御の際に高低差を利用する工

**永登浦城へのアクセス**

古県市外バスターミナルから30番バスで1時間30分、旧永船着場バス停下車、徒歩40分。農所里からだと徒歩30分。テレビアンテナ塔をめざし林道を歩く。

城域最西端の石垣（西から）

夫と考えられる。この帯曲輪状の城内道はさらに南側の尾根線上に配置された曲輪に繋がる。ここにも西側斜面に竪堀と竪土塁のセットが確認でき、先述の最西端の曲輪から延びるものと連動する形で主郭南西側にある谷筋を囲い込む意識が働いているものと考えられる。これは、この谷筋の水源を確保するために築かれた防御施設であると考えられている。この城はさらに南側の尾根線上に城内道の役割を果たす帯曲輪や尾根を遮断するための堀切を配置するなどの防御施設が確認でき、最も南側の尾根上の広い箇所には総石垣の曲輪が確認できる。ここが山麓から城郭主要部に入城する際の大手口と考えることができる。

ところで、この城の北側山麓には集落があり、豊臣軍の築城前から邑城が構えられていた。この中にも日本式城郭に用いられた石垣を確認することができる。山上の永登浦城築城に際して、物資補給を目的とした海岸線の確保のため、邑城を接収する形で、中心部を日本式に改めて拠点化を図ったものと考えられる。

文禄の役ののち、二年にもわたる休戦中に在陣していた島津氏らは、鞠遊び・茶の湯・和漢の興行に明け暮れた場所が当城だったのかもしれない。

（下高大輔）

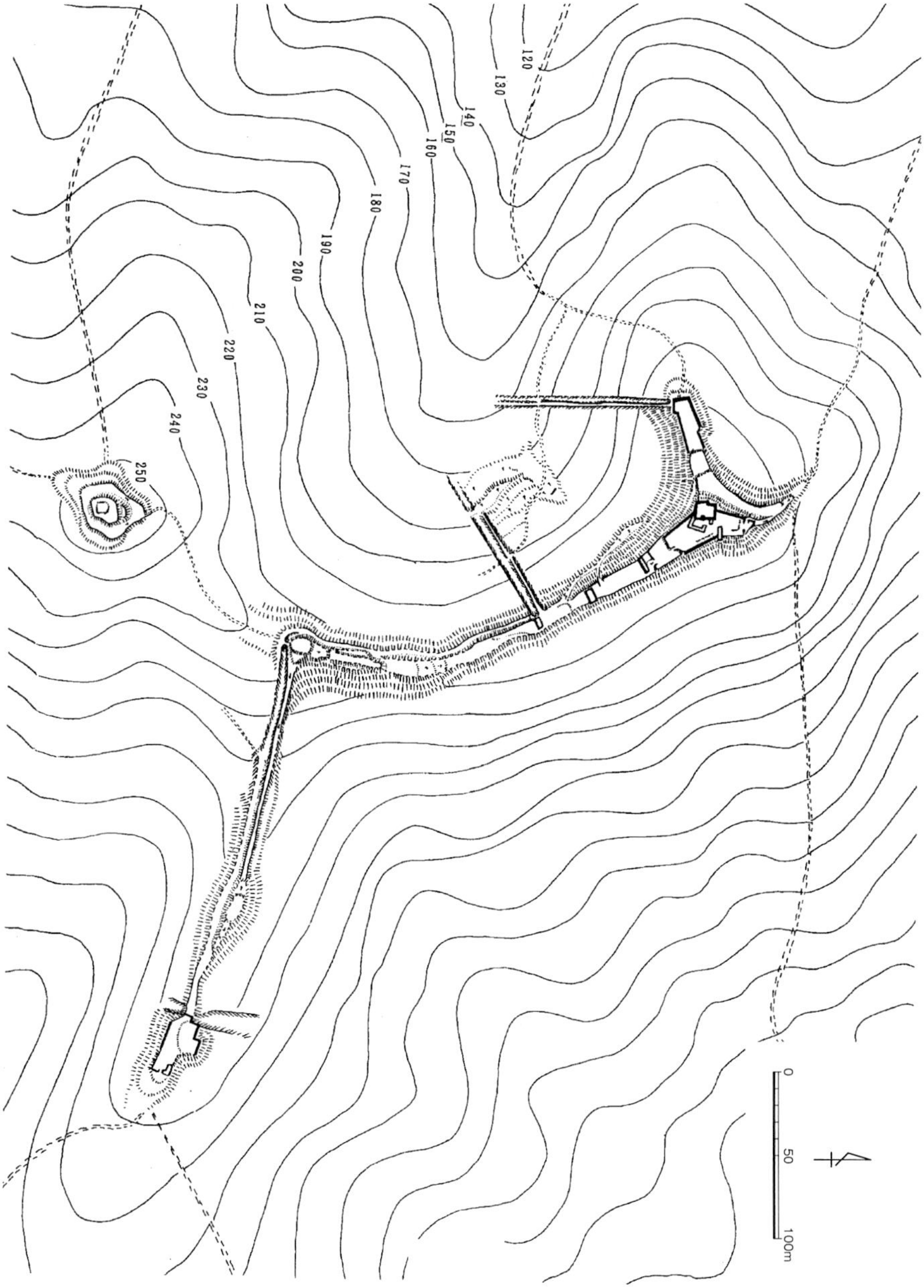


永登浦城跡概要図（作図：髙田徹）

# 16
# 松真浦城
송진포왜성　ソンジンポウェソン

| | |
|---|---|
| 所在地 | 慶尚南道巨済市長木面松真浦里 |
| 築城時期 | 文禄二年（一五九三） |
| 築城者 | 福島正則・戸田勝隆・長宗我部元親・島津義弘・島津忠恒 |
| 標高 | 約九〇m |
| 主な遺構 | 石垣、竪石垣、虎口、曲輪 |
| 史跡指定 | 未指定 |

朝鮮半島南部沿岸地域の掌握を目的として、文禄二年（一五九三）より「御仕置きの城」、すなわち支配拠点の城＝倭城の普請が本格化する。「からいさん」、「から島」とも呼ばれた巨済島北部には、李舜臣率いる朝鮮水軍による釜山浦西部沿岸海域への脅威に対応して、松真浦城、長門浦城、永登浦城が近接して築かれている。松真浦城は福島正則・戸田勝隆、長宗我部元親らが守備したとも、島津義弘・忠恒父子が築いたともいわれる。諸説あるが、前記した巨済島の諸城と合せた中で、交代を伴う在番体制がとられていたものと考えられる。

城は巨済島北部西岸、長木湾に向かって西に延びる半島先端の丘陵上に築かれる。長木湾の対岸約五〇〇mの地点には長門浦城が所在し、両城をもって長木湾を監視、防衛していたことが窺える。巨済島周辺では文禄元年より朝鮮水軍による攻勢が続き、巨済島の南にあたる閑山島の海戦で惨敗を喫するなど、制海権が脅かされており、巨済島には早くから水軍拠点の築城命令が下されていた。巨済島周辺の海岸線は入り組んでおり、軍船が停泊する適地といえ、松真浦城、長門浦城には豊臣方水軍の拠点としてのみならず、周辺海域に進出する朝鮮水軍の停泊を阻止する機能をも期待されたのである。

城は半島先端の標高約九〇mの西側丘陵一帯と、鞍部を挟んだ標高約六〇mの東側丘陵部に遺構が確認される。西側丘陵の西曲輪群は山上の曲輪Ⅰ～Ⅲ、海岸側山麓の曲輪Ⅳ～Ⅶからなり、それを長大な登り石垣を含む石垣による塁線で囲んでいる。主郭となる曲輪Ⅰは東西約一〇m、南北約一五mの規模を測り、東側塁線に折れを有する。内部は平坦となり、南と西に外枡形となる虎

松真浦城遠景　南東より

口を開口させる。南虎口はL字状石塁によって複雑な折れを造り出し、下段のⅢへと連絡する。西虎口は西側に張り出す通路を介して曲輪Ⅱへと接続し、曲輪Ⅱでは反転して西側に虎口から山麓の曲輪群側の斜面へと接続しており、曲輪Ⅱを枡形とした複雑な虎口空間が造り出されているといえる。曲輪Ⅲの東西には石垣によって構築された帯曲輪が延び、西に向かっては山麓の曲輪群、東に向かっては東曲輪群方面の斜面部で登り石垣と接続し、

**松真浦城へのアクセス**
古県市外バスターミナルから30番バスで1時間、サンソクノンジャンバス停下車、徒歩20分。

曲輪Ⅳ石垣南西隅

長大な塁線を形成している。この東西の登り石垣はいずれも北側に対になる登り石垣を設けており、その内部には南側登り石垣に沿って通路が設定されていたようである。

海岸側山麓の曲輪Ⅳは東西約四〇m、南北約二〇mの規模を持ち、北西側は高さ約四mの石垣によって構築されるが、東側は崩落が目立つ。残存する北西面石垣のほぼ中央部には石垣の積み足しが認められ、築城中の設計変更あるいは改修が行われた可能性がある。曲輪Ⅳ南西端には登り石垣沿いの山上の曲輪群からの通路に接続する虎口が設けられ、さらにその北西側には石塁で造り出された幅約八mの内枡形となる虎口が曲輪Ⅴへとつながる。内部には石段が残り、他の虎口に比して規模が大きく海岸線正面を向くことから、象徴的ないわば「見せる虎口」であった可能性がある。曲輪Ⅳの下段には曲輪Ⅴ・Ⅵが配され、両曲輪北東には延長約三五mの竪土塁が延びている。曲輪Ⅵは前面に折れを伴う石垣で構築され、北東端には虎口が開口する。虎口は櫓台状となる竪土塁の末端によって守られ、海岸線へと降りていく。現状では不明瞭ながら、船舶の係留施設へ連絡していた可能性が高い。曲輪Ⅳの南西側には曲輪Ⅶの他、北東側にも低い石垣によって構築された帯曲輪がある。これら海岸側山麓の曲輪群周辺では山上の曲輪群と比較して瓦が多数散布しており、複数の建物を伴った施設が展開していたと想定される。なお、海岸線一帯は岩場となっているが、石垣石材の採石地であったとみられ、矢穴が残る石材が点在している。

東曲輪群は曲輪Ⅷとその下段に付属する曲輪からなる。鞍部となる西曲輪群との接続部分は弓道場や駐車場などによって削平され明らかではないが、西曲輪群からの登り石垣の塁線が延びていた可能性が高い。曲輪Ⅷは東西約二五ｍ、南北約四〇ｍの平面が長方形となる形状を持ち、西曲輪群山上の曲輪群と比較して広い面積となる。北と西側に張出部を設けて塁線に折れを造り出すが、内部は平坦で櫓などはない。南西と南東に虎口を開口させており、北西虎口は南北の石垣塁線を喰い違いとさせ、その前面に石垣で囲んだ外枡形を伴う厳重な造りで、西曲輪群方面の通路へとつながる。南東虎口は前面のＬ字状石垣列によって外枡形を造り出し、南から西に折れて東下段の曲輪へと連絡している。

松真浦城は、主郭となる西曲輪群の山上の曲輪群を中心として、船舶の係留施設と海上防備を担う海岸側山麓の曲輪群、東方からの攻撃に備えた東曲輪群が機能分化した形となり、それらが登り石垣や石垣による長大な塁線によって一体化した構造を持っていたとみられる。また、冒頭に述べたように、長木湾対岸の長門浦城とは密接な関係を持っているが、構造や機能に差異が認められることから、それぞれ役割を補完しあいながら周辺沿岸部の防衛、確保に努めたのであろう。死角が多い複雑な海岸線を掌握するために、機能分化した城郭、さらにそれを構成する曲輪群によって、重層的に補完しあう城郭構造が必要であったと考えられる。

（溝口彰啓）

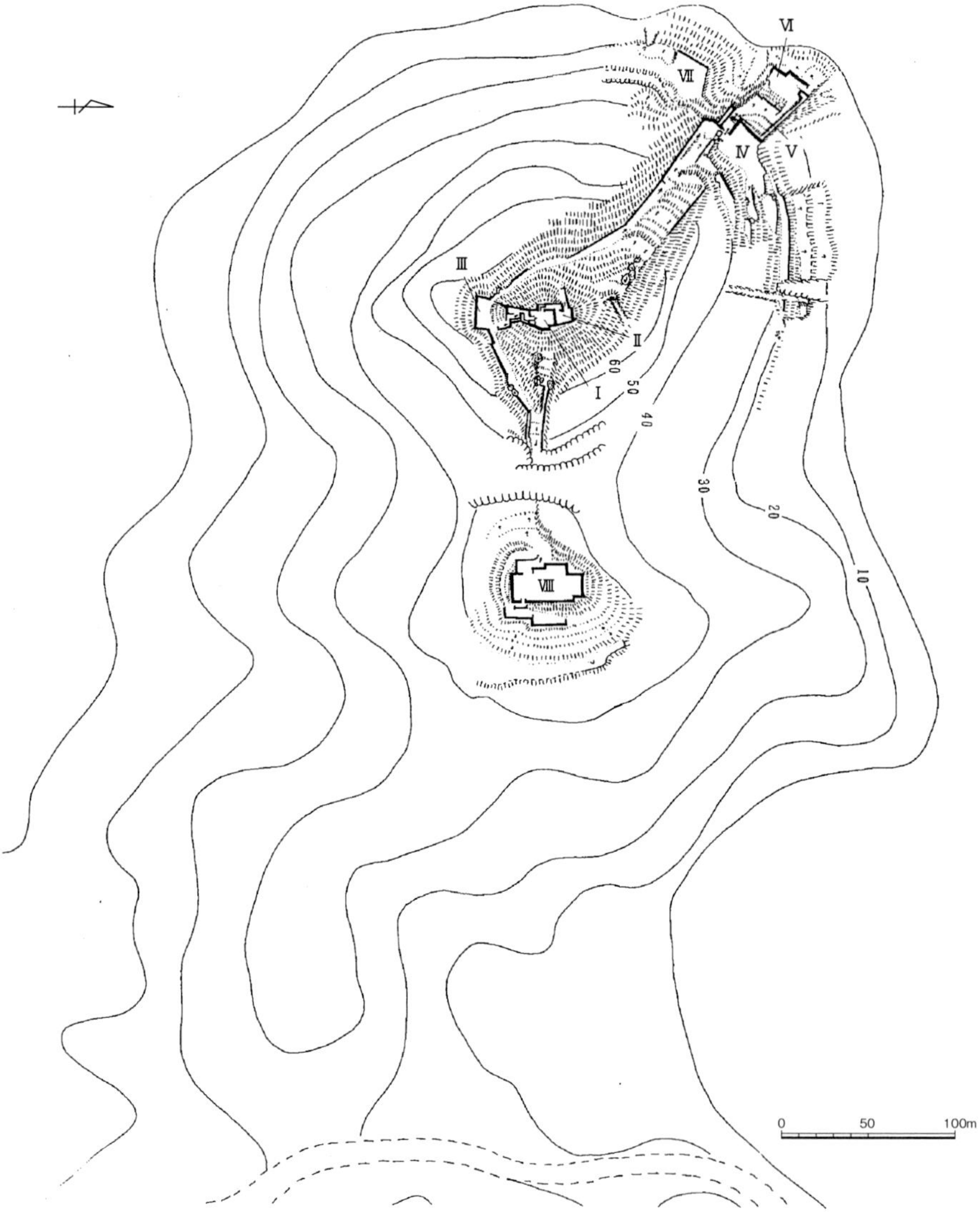


松真浦城跡概要図（作図：髙田徹）

# 17 長門浦城

장문포왜성　チャンムンポウェソン

所在地　巨済島市長木面長木里
築城時期　文禄二年（一五九三）
築城者　蜂須賀家政ほか
標高　一〇七m
主な遺構　石垣・石塁・虎口・竪土塁
史跡指定　慶尚南道文化財資料第二七三号

巨済島北部の松浦湾と長木湾に向かって半島状に突き出した標高一〇七m程の丘陵上に位置する。湾の北東対岸五〇〇m程の地点には松真浦城が築かれ、この両城によって長木湾の入口の監視と封鎖を担っていたと考えられる。

城跡の現状は山林・荒地・墓地となっており、城域を巡る石垣の天端の多くが崩壊し、道路によって一部の遺構が破壊されているが、城郭遺構としては概ね良好な状態で残されている。

文禄二年（一五九三）に築かれ、築城者および城主については、蜂須賀家政・生駒親正が築城し交代守備したとする説、福島正則・戸田勝重・長宗我部元親が築城し交代守備したとする説、福島正則・戸田勝重が築城し生駒近正・長宗我部元親等が守備したとする説などがある。慶長の役の際、再び利用されたかは史料的には不明である。

南を除く三方が海に囲まれた要害の地にあり、城域は頂部から半島状に延びた丘陵先端に展開する。城域は頂部を中心とした山上曲輪群と、丘陵先端に占地する山腹曲輪群の二群からなる。

山上曲輪群は、頂部にあるⅠ曲輪から鍵の手状に延びた尾根上にⅠ～Ⅳ曲輪が連なり、いずれの曲輪も矩形を呈し周囲には石垣が巡る。主郭と考えられるⅠ曲輪は東西約二五m、南北約八〇mを測り、周囲には高さ二mの石垣、内側には幅三m程の石塁が巡る。曲輪北端には、北に突き出すように周囲より二m程高い天守台が築かれており、主郭としての威容がうかがわれる。曲輪内は石塁によって南北に区画され、南北にはどちらも外枡形虎口が取り付き、特に北のⅡ曲輪に続く虎口は石塁による

山腹曲輪群石垣

障壁を設けた技巧的な虎口となっている。天守台北西直下には幅三m、高さ二m、長さ八m程の石塁が延びており、さらにその先端は幅二m、高さ五〇cm程の竪土塁として約二三〇mにわたって尾根上に築かれている。山林中にあるため、その全容を一望できるものではないが、延々と続くかのようなその長さは驚嘆に値する。

Ⅱ曲輪はⅠ曲輪とⅢ曲輪とを結ぶ鞍部にあり、東西約六〇m、南北約一五mを測り、登り石垣で囲まれている。

**長門浦城へのアクセス**
古県市外バスターミナルから30番バスで50分、グラフォーバス停下車、徒歩20分。

南北両側面には東西をずらして食い違うように外枡形虎口が設けられており、鞍部とは言え技巧の妙が見て取れる。

鞍部のⅡ曲輪を経て東にあるⅢ曲輪は、東西四〇m、南北二〇m程の多角形を呈し、Ⅰ曲輪同様に石垣と石塁が巡る。Ⅱ曲輪側には平虎口、Ⅳ曲輪側には堅固な外枡形虎口が設けられている。曲輪北直下から幅三m、高さ五〇㎝程の竪土塁が延びており、側面に石列を伴う部分があることから、両側面は石列をなしていたと考えられる。

Ⅲ曲輪から連なるⅣ曲輪は東西四〇m、南北二〇m程の方形を呈し、周囲には高さ一～三m程の石垣が巡る。東端の虎口は内枡形で、南東隅には櫓台状の張り出し部が設けられ虎口を堅守している。南東張り出し部直下から幅三m、高さ五〇㎝程の竪土塁が延びている。

Ⅳ曲輪の虎口から斜面を隔てた先端には、凸状に石垣で区画され二段からなるⅤ曲輪がある。高さ一m程の石垣が巡り、先端には内枡形虎口が築かれている。

山腹曲輪群は、南背後を山上曲輪群、東西斜面を山上曲輪群から延びた竪土塁によって防御されるように位置する。主郭と考えられるⅣ曲輪は東西二五m、南北四〇m程の方形で、周囲を高さ三m程の石垣と内側には石塁が巡る。西側面には東西八m、南北一〇m、高さ一・五m程の櫓台、北西隅と西側面にも五m四方の櫓台が設けられており、中心的な曲輪であることが理解できる。南北にある両虎口はどちらも外枡形虎口であるが、南虎口は内外両側に鍵状の張り出しを設け外枡形と内枡形を複合させた、技巧的かつ重厚な造りとなっている。

Ⅵ曲輪の北に位置するⅦ曲輪は、Ⅵ曲輪の外枡形虎口を兼ねた小曲輪であるが、さらに北に位置するⅧ曲輪への緩衝的な曲輪とも見え、執拗なまでの重厚さには目を見張る。

Ⅷ曲輪は東西三〇m、南北二〇m程の方形を呈し、北斜面からの虎口は外枡形となっている。

Ⅷ曲輪から一〇〇m程の鞍部を隔てた北端にⅨ曲輪がある。東西二五m、南北三〇mの多角形を呈し、周囲は高さ一・五m程の石垣が巡る。南北両側に虎口があり、南虎口は旧状が不明瞭であるが、北虎口は両脇をくちばし状に突出させた虎口となっている。

Ⅵ曲輪の南背後に位置するⅩ曲輪は緩斜面にあり、幅三m、高さ五〇㎝程の石塁状の登り石垣で囲まれた曲輪である。南端には石塁を喰い違いにさせた外枡形虎口が築かれている。

長門浦城の縄張構造を概観したが、その最たる特徴は山上曲輪群と山腹曲輪群からなる、一城別郭とも言える独立性の高いその構造にある。山腹曲輪群は、背後の山上曲輪群と山上曲輪群から延びた長い竪土塁によって東西斜面が防御されている位置関係にあるが、両曲輪群は登り石垣や竪土塁等によって直結させてはおらず、東西斜面に長く延びた竪土塁はあくまでも外郭線の形成にとどまっている。

長門浦城に見られる独立性の高い構造的特徴は、一城別郭とも言える曲輪群のみならず、石垣によって堅守された各曲輪にも独立性の高さが見て取れる。山上曲輪群では鞍部のⅡ曲輪を挟んだⅠとⅢの両曲輪ともⅡ曲輪に向け堅固な虎口を備えている。山腹曲輪群においても櫓台を有すⅣ曲輪の相対的な優位性は見て取れるが、南北に連なる曲輪に対してそれぞれ枡形虎口が築かれており、各曲輪の独立性は高いと言える。このような堅固な虎口によって各曲輪を堅守する独立性の強い構造については、近世城郭に普遍的に見られる主郭を頂点とした各曲輪を階層的に連ねた構造との差異が指摘されている。また、Ⅰ曲輪のように石塁によって曲輪内を分割していることを含め各曲輪はいずれも小規模であることも看過できない。

技巧かつ堅固な虎口による動線規制をもった小規模曲輪群による高い独立性とは、個別の曲輪が占拠されても残された曲輪で迎撃し籠城を維持するなどの戦略的使用を第一義的に考慮したものと考えられている。さらにそれを裏付けるものとして、山上・山腹曲輪群ともに長木湾とは反対側に天守台・櫓台が設けられている点にも注目したい。これは天守が城郭内の攻防において要に位置し、軍事上の最終ラインにあったことを示唆するものであり、日本の近世城郭とは異なった築城思想が見て取れる。

長門浦城のパーツ的特徴を示す遺構として、山上曲輪群から東西に延びた竪土塁も看過できない。丘陵上から海岸付近にまで延びていることを勘案すると、単に山腹曲輪に対する防御ラインにとどまらず、長い竪土塁により広範な空間を取り込もうとする意図とともに、海岸との結びつきを示唆させる遺構とも考えられており、戦略的ポテンシャルの高さをもうかがわせる。（戸塚和美）

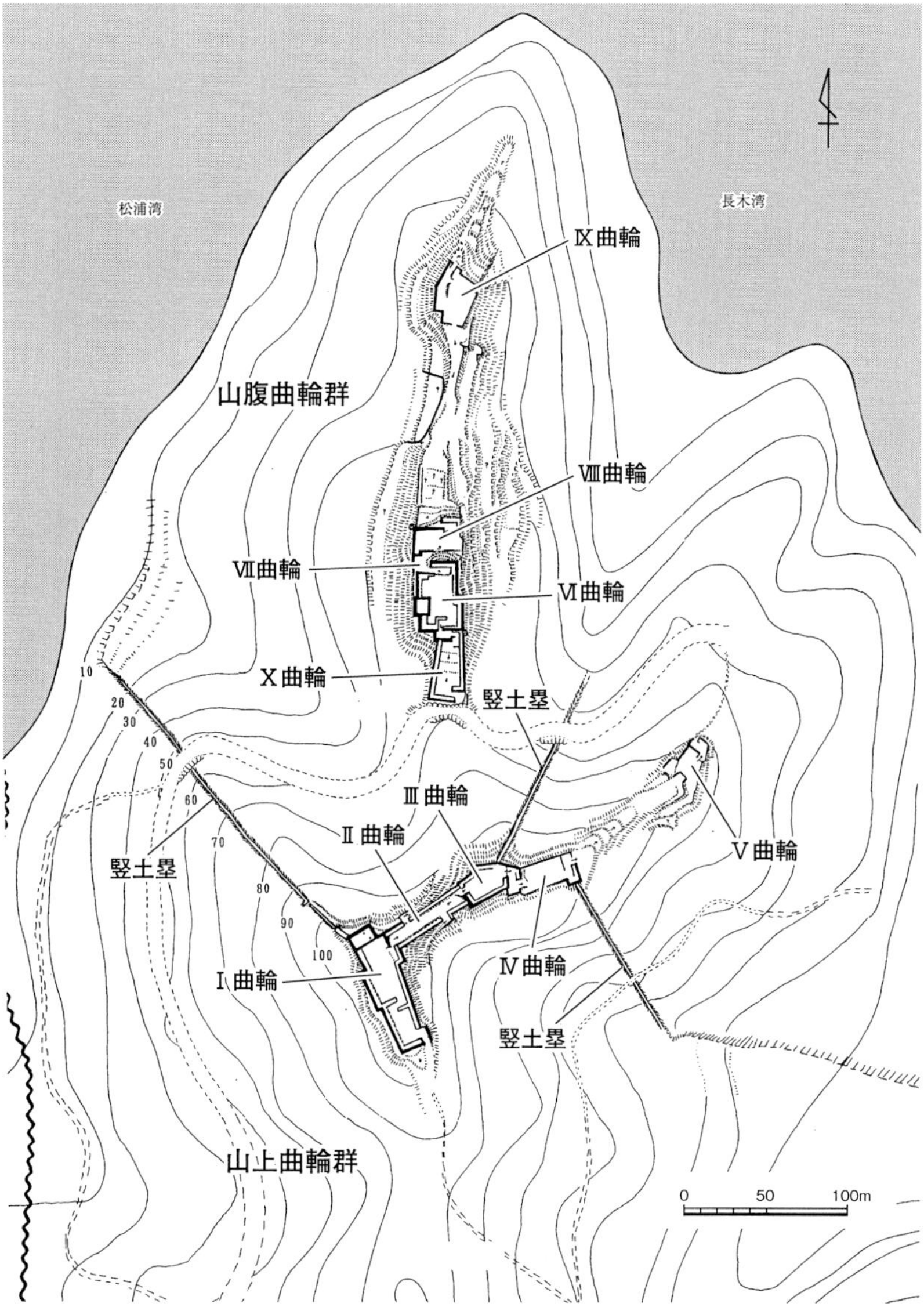


長門浦城跡概要図（作図：高田徹）

## 18

# 見乃梁城（倭城洞城・唐島瀬戸口城）

견내량왜성　キョンネリャンウェソン

所在地　慶尚南道巨済市沙等面広里
築城時期　慶長二年（一五九七）
築城者　不明
標高　約一五m
主な遺構　土塁・石垣・横堀
史跡指定　未指定

見乃梁城は巨済島（唐島）の西端、見乃梁海峡（唐島瀬戸）という朝鮮半島本土との海峡に面した低丘陵上に位置する。高い山上や独立丘陵に占地する倭城が多い中では低位に占地する。

遺構は、城の北東に広里集落が接していることもあり、城域全体にわたって耕作等による破壊が進行している。

集落に近い北・東部のⅢ郭は基本的には土造りの外郭部分で、丘陵続きを横堀・土塁によって遮断し、その開口部に喰い違い状の虎口があったとみられる。

城の中心部は横堀と自然の崖に囲まれた南西部のⅠ・Ⅱ郭で、最南端のⅠ郭は城内最高所にあたり主郭と考えられる。一段下のⅡ郭方向を除く三方を土塁で囲まれ、北西隅が郭内に喰い込んでいることからここが枡形状の虎口と考えられよう。

Ⅱ郭はほぼ方形の平面を呈し、三方を土塁に囲まれ、各辺中央に虎口が開口している。土塁裾には石垣が残ることから往時は石塁であったと考えられる。また北・東辺には横堀がめぐるが、海側の西面を含めて石塁との間には犬走り状の空間を挟む。Ⅱ郭の虎口は、いずれも現状では基本的に平入りの平面を呈し、地形による制約が少ない土塁と横堀による縄張りにしては単純な構造に留まっており、上部の櫓・門など建築物を含めて検討する余地がある。また、Ⅰ・Ⅱ郭を中心に瓦が散布していることから主要部の建築は瓦葺であったと考えられよう。なお、海岸にも石列が確認される。

このように現在遺構の保存状況は良好でないが、九州大学記録資料館に架蔵されている倭城址図によって破壊が進む以前の旧態を伺うことができる。この図を元に作成されている推定復元図によればⅠ・Ⅱ郭は石塁で囲まれ、Ⅰ郭南端には海峡に面して天守台がある。

　見乃梁海峡は幅約五〇〇メートルと狭い「瀬戸」で、現在は巨済大橋が架橋され、船舶が頻繁に航行している。朝鮮出兵当時も重要な沿岸航路にあたり、文禄元年（一五九二）七月には脇坂安治の水軍が潮流を利した李舜臣に敗北を喫している（閑山島海戦）。当城の築城は慶長二年（一五九七）で、「から島瀬戸口之城」（島津家文書）として宗義智の家臣（柳川調信？）の在番とみられている。釜山と泗川・南海・順天といった豊臣軍の西方の拠点を結ぶ水上交通の要衝を陸側から扼する役割を担ったものと考えられよう。立地や遺構にみられる当城の特徴にはこのような背景が影響しているものとみられる。　（早川　圭）

耕地化が進む見乃梁城の現状（Ⅱ郭）

**見乃梁城へのアクセス**
古県バスターミナルから40番バスで1時間、巨済大橋バス停下車、徒歩約15分。ガソリンスタンドから約200m先を右折。

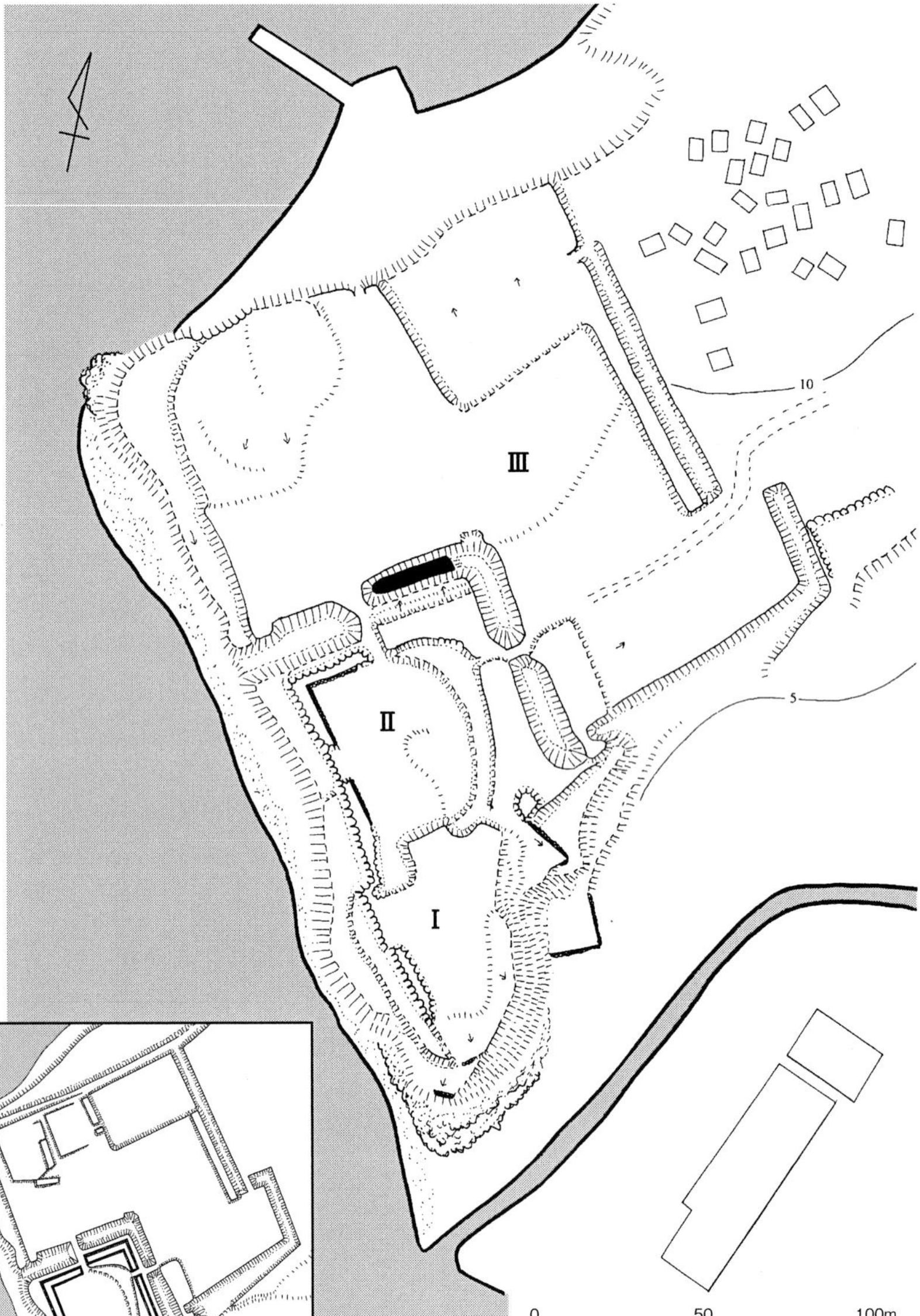


見乃梁城跡概要図（作図：髙田徹）

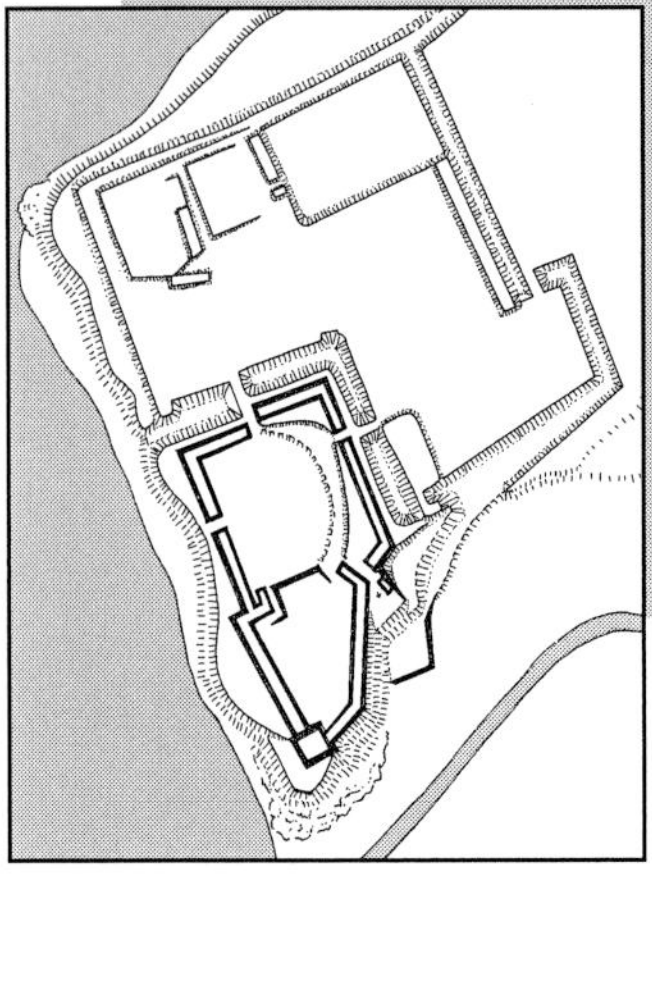

見乃梁城推定復元図（作図：髙田徹）

## 19

# 固城城（こそん城・こせう城）

고성왜성　コソンウェソン

**所在地**　慶尚南道固城郡固城邑水南里
**築城時期**　慶長二年（一五九七年）
**築城者**　吉川広家等
**標高**　二〇m
**主な遺構**　石垣・天守台
**史跡指定**　慶尚南道文化財資料第八九号

固城城は、慶長二年（一五九七）に吉川広家等によって築城され、立花宗茂等が在番した城郭である。翌、慶長三年には豊臣秀吉の死去により豊臣全軍が朝鮮半島から撤退することにより廃城となる。文禄の役で一九の城が豊臣軍によって築城され、その後の和平交渉の破綻をうけての慶長の役では八城が築城されたことがわかっており、そのうちの一つとなる。慶長の役で築城された倭城は極めて短期間のうちに築城・機能し、廃城となった城郭遺跡であり、改修が想定される文禄の役で築かれた倭城以上に標準遺跡と位置付けられる城郭群なのである。

固城城築城前は、朝鮮式の城郭である固城邑城が存在しており、邑城の外に延びる尾根上に築城したものである。また、邑城も曲輪として取り込んだ縄張りであったようだ。現在は、全体的に宅地化されてしまっており、容易に全体の縄張りを把握することは困難であるが、民家に少し注意しながら現道を歩くと、所々に割石によって築かれた石垣を確認することができる。これらが城跡であることを示してくれる材料となる。この残存の石垣を丁寧に拾い上げていくと、南北に展開した尾根を長方形上に石垣を配置して城域としたものであったことがわかる。しかも、少なくとも二段の石垣が築かれ、帯曲輪を持つような構造であったようだ。南東隅に位置する箇所には正方形上の石垣が少し飛び出すような形で配置されており、これが天守台であったと推定されている。

固城城の石垣は、文禄の役で築城されたとされる倭城の石垣と比較すると、勾配が少し急であること、石垣隅部については反りを持たず、算木積みの完成度は高いと言える。こうしたことから、固城城が慶長の役に築城された倭城であることが裏付けられる。

　なお、取り込まれた邑城の城壁の一部が発掘調査で検出されており、復元されている。しかし、倭城と邑城の接合部分などは不明と言わざるを得ない。

　固城城は、邑城を城域に取り込んだことや海に直接面していないことなどから、朝鮮側の拠点をおさえる役割を担っていたものと考えられる。文禄の役の築城目的が朝鮮半島での橋頭堡の確保であったが、慶長の役では朝鮮半島の南側を領有化することであったと言われており、築城された立地からその目的を示す好例といえる。


（下高大輔）

宅地化された中に残る固城城の石垣

**固城城へのアクセス**

固城市外バスターミナルから徒歩20分。またはタクシーで3分。固城郡庁の北西住宅地。案内看板なし。

固城城の石垣隅部

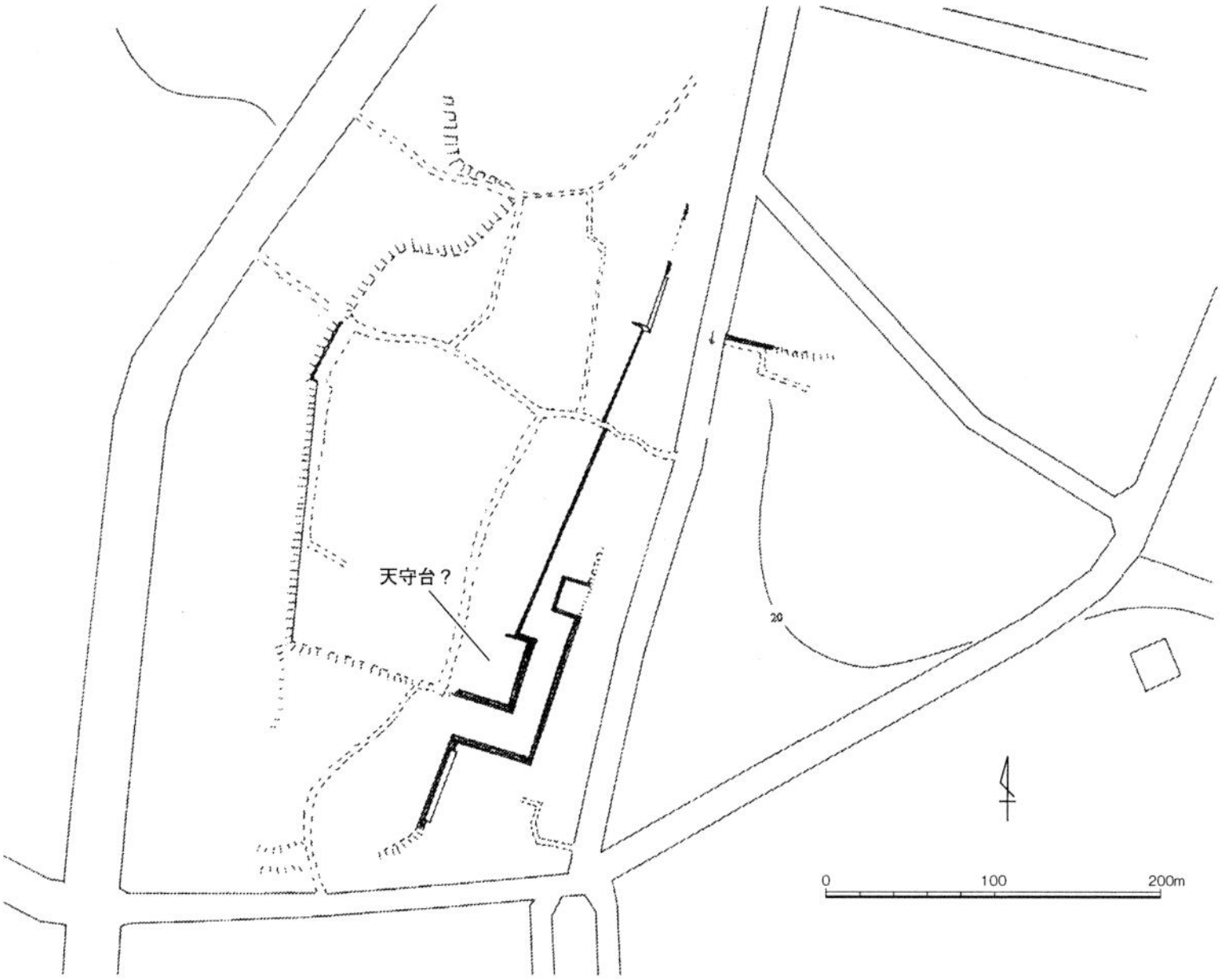

固城城跡概要図（作図：髙田徹）

# 20 泗川城（そせん城・そてん城）

사천왜성　サチョンウェソン

泗川城跡は、泗川湾に西面した比高約二〇mの丘陵先端部に位置している。その城郭全体の規模は、東西約五〇〇m、南北約五〇〇mである。

慶長二年（一五九七）、島津勢を率いて全羅道を侵攻した島津忠恒は父義弘の待つ泗川に十月二十八日に到着した。その翌日から泗川城の普請が開始される。この普請に携わったのは、長宗我部元親・池田秀雄・中川秀成・毛利吉政（総論「朝鮮出兵」で述べたように毛利吉成ではない）・垣見一直らであった。同年十二月二十七日にはほぼ完成したようで、在番の義弘らが入城し、祝宴が催されている。

城跡の主郭は丘陵の北西端近くに位置し、東西約一二〇m、南北四七〜六二m前後の曲輪である。その北西隅の天守台は東西約一八m、南北約一九mの規模であり、一九九七年には北西側で慶長の役当時の面影を残す石垣が観察できたようである。しかし、天守台上の「忠魂碑」との関係によるのであろう、〝復元作業〟のために、現在の石垣は異形を呈している。順天城跡の天守台なども同様の状況にある。

主郭南側には平坦地が広がっており、畑地や集落となっている。この平坦地の西側の泗川湾に面する海岸には現在港があり、後述のようにかつても船着場が存在したはずである。主郭東側には東西を谷で挟まれた南北に細長い丘陵部がある。この東側には円弧状の土塁に囲まれた平坦地などがある。その土塁の東側には堀があり、東西に走る道路を隔てて、これに対応するように二本の堀が平行して南北に延びている。これらの堀と道路が接する付近が大手口とみられている。

泗川城の防御力は泗川の戦いで遺憾なく発揮された。

| | |
|---|---|
| 所在地 | 慶尚南道泗川市龍現面船津里四〇二 |
| 築城時期 | 慶長二年（一五九七） |
| 築城者 | 長宗我部元親・毛利吉政など |
| 標　高 | 二〇m |
| 主な遺構 | 天守台跡　土塁　堀 |
| 史跡指定 | 慶尚南道文化財資料第二七四号 |

泗川城跡の天守台

慶長三年十月一日、朝鮮・明軍は泗川城を攻撃したものの、大手口左の櫓で応戦した忠恒など島津勢の奮闘によって敗走する。島津勢の追撃は凄まじく、この戦いで約三万もの首級をあげた。

　先の船着場は、蔚山の戦いの際に機能していた。前述した祝宴の日、朝鮮・明軍による蔚山城攻囲の急報が泗川に届く。救援に向かった諸将のうち、長宗我部・池田の両勢は水軍であった。これらは泗川湾から出撃したと

**泗川城へのアクセス**

晋州市外バスターミナルから泗川行きのバスで35分、泗川市外バスターミナル下車。ここからタクシーで5分、船津公園駐車場下車。

泗川湾から見た泗川城跡

みるべきであろう。泗川城は軍船が碇泊できる船着場を足下に配し、泗川湾を睥睨していたのである。

その泗川湾は文禄元年（一五九二）五月二十九日、李舜臣率いる朝鮮水軍が圧勝した泗川海戦の戦場であった。主郭には、この海戦の説明板が設置されている。

なお、泗川城を見学するなら、晋州城とあわせて見学することをお薦めしたい。文禄二年六月、加藤清正らは晋州の戦いで晋州城を攻め落とした。復元された城壁の内側には現在国立晋州博物館が建っている。この博物館は朝鮮出兵に関する展示が充実しており、観光客も訪れるので、ガイドブックなどにも晋州市へのアクセスは載っている。この晋州市の市外バスターミナルで泗川市外バスターミナルにゆくバスに乗ることができる。

泗川市外バスターミナルから泗川城跡にタクシーでゆく場合には、「船津公園《ソンジンコンウォン》までいってください（ソンジンコンウォンカジ　カ　ジュセヨ）」と頼むとよい。地元では船津公園は桜の名所としては知られているが、泗川城が蟠踞していた地であることは案外知られていないようである。帰りのために待ち時間や料金について運転手と交渉しておくのもお忘れなく。

（津野倫明）

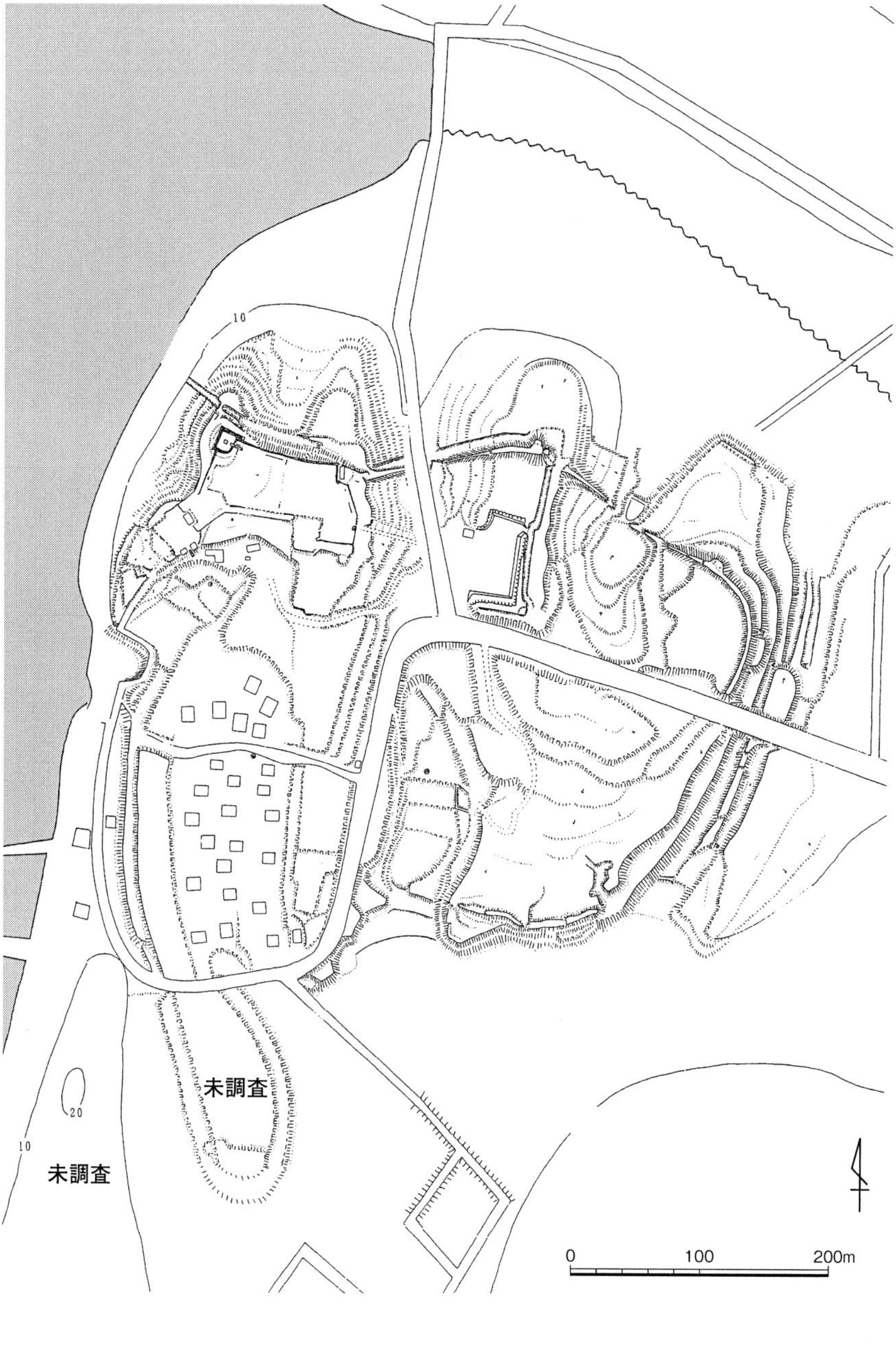


泗川城跡概要図（作図：高田徹）

# 21
# 南海城（なむはい城）

남해왜성　ナメウェソン

| | |
|---|---|
| **所在地** | 慶尚南道南海郡南海邑船所里 |
| **築城時期** | 慶長二年（一五九七） |
| **築城者** | 脇坂安治等？ |
| **標高** | 四四・五m |
| **主な遺構** | 天守台、石垣、堀、竪石垣 |
| **史跡指定** | 未指定 |

南海城は、南海島のほぼ中央部、晋州湾に面した比高約四〇mの丘陵上に主郭部を構えている。主郭部の南側、集落を隔てた比高約二〇mの丘陵上にも出曲輪を構えている。主郭部と出曲輪を含めた城域は、およそ東西五〇〇m、南北四〇〇mにわたる。

この城は、慶長の役時に小西行長の女婿であった宗義智が守備している。『脇坂列祖垂統編』には「船手の諸将、何れも南海に帰りて、十一月中旬より要害を拵へける。」とある。脇坂安治らの水軍の諸将が協力し合って、築城を担当したとみられる。

西方に位置する順天城、東方に位置する泗川城に連絡し、その間の海域を防御する役割を担っていたと考えられる。

さて慶長三年（一五九八）蔚山城での籠城戦後、倭城に在番した諸将は守備範囲の縮小案を取り決める。すなわち西方では順天城を退去し、泗川城に移動するという案であった。もっとも、この案は豊臣秀吉の怒りを買い、実現には至らなかった。いずれにせよ南海城は、西方の最前線となる位置を占めていなかったし、それに応じた縄張り・規模に止まった可能性が高い。概して石垣が低く、曲輪配置もやや単調であるのは、つなぎの城としての性格が表われているのではあるまいか。

慶長の役の終盤、朝鮮・明軍に包囲された順天城の小西行長らを救出すべく、宗義智は島津義弘らとともに南海城を出撃する。南海島と朝鮮本土との海峡、露梁津で激しい戦闘が展開され、両軍とも甚大な被害を出した。船を失った島津軍の樺山久高ら五百名は、宗氏が退去し空城となっていた南海城へ一時的に入城し、難を逃れて

Bから主郭方面を見る

いる。

南海城は、概して遺構の残り具合が悪い。集落に近いためか、畑地として利用された部分が多く、虎口もほとんどはっきりしない。戦前の段階でも、かなり遺構が失われていた。所在地が確認されたのも、大正十年代のことである。

丘陵頂部の主郭Iは、約六〇m四方の広がりを持つ。高さ一～二mの石垣で囲まれているが、相当崩れてし

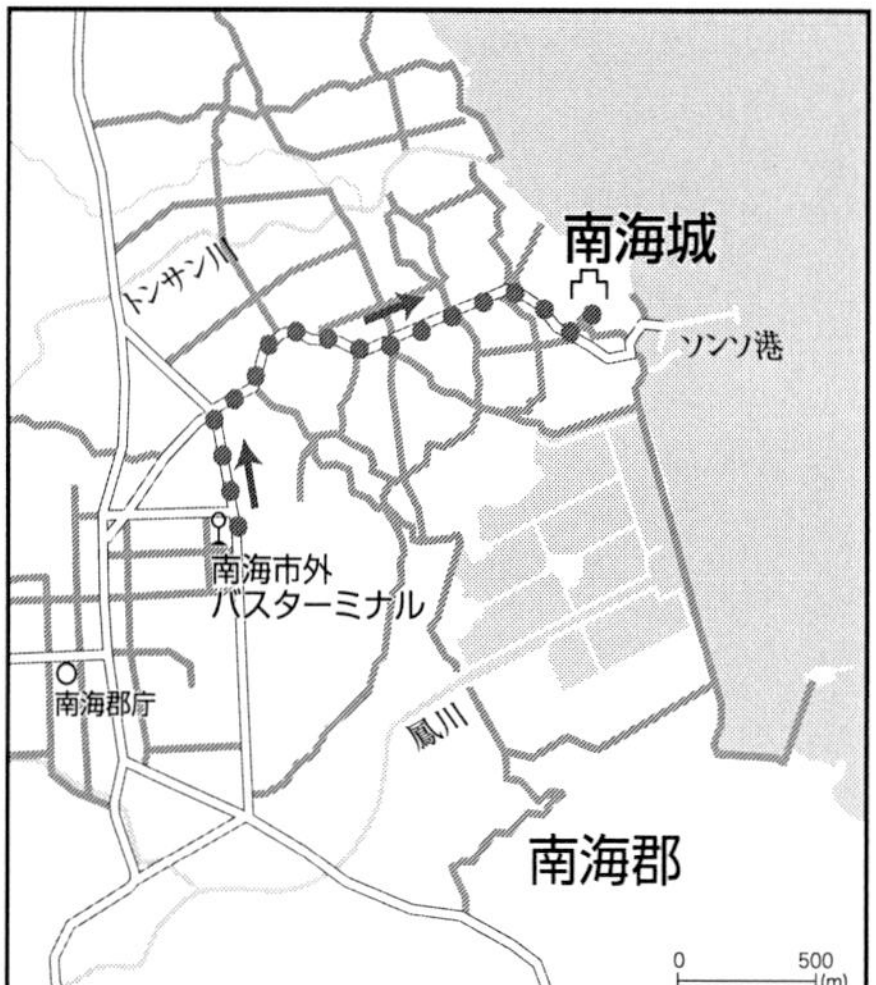


**南海城へのアクセス**

南海市外バスターミナルから徒歩30分。またはタクシーで5分。

Ⅰ郭側から見たC（竪土塁）

まっている。かといって曲輪面と現状の石垣天端との高さは、大きな開きを持つわけでもない。現状では痕跡を確認できないが、かつて曲輪周囲は石塁状になった部分が多かったのであろう。

主郭の西側中央付近には、天守台Aが構えられている。天守台は草木に覆われており、全貌が確認しづらい。東西約一〇m、南北一三m、西側からの高さ約四m、東側からの高さ約二・五mである。南側には附櫓台を伴っており、そこを経由して天守台上に上り下りしたと考えられる。

主郭の周囲には、ぐるりと曲輪が取り巻いている。かつては石垣で囲まれ、複数の区画によって構成されていたようである。

主郭部の南側にある比高約二〇mの丘陵Ⅱは東西に細長く、畑・荒地・墓地等となっている。西端部以外は、一見城郭遺構であるとは思えないほどである。ただし子細に観察すると、あちこちに石垣を止めている。ほぼ丘陵全体が、間違いなく曲輪として利用されていたと考えられる。

丘陵Ⅱの西端にあるBは、比較的石垣が残っている。

北側から見た天守台Ａ

塁線として連なる石垣の内側には、ほぼ併行して並ぶ石列が認められる。石塁の痕跡であり、かつては多門か土塀が載っていたのであろう。

ところで戦前に作製された『九州大学文学部九州文化史研究施設架蔵倭城址図』によれば、主郭部からは南側に、丘陵Ⅱからは北側に、それぞれ竪石垣（登り石垣）が伸びていた。主郭部側の斜面Ｃには、今も竪石垣の痕跡がわずかに残っている。両側から伸びた竪石垣先端は虎口となり、そこに城内と城外を結ぶ道が通じていた。虎口の東側が城内にあたり、それは現集落の広がりとほぼ重なる。集落内の船津港には、当時も船が行き来していたはずである。

この他、主郭部の北側斜面には竪堀状の地形、主郭部から北側に下がった海岸部には石垣Ｄ、同じく南西側には土塁状の高まりＥが認められる。

現在所在が確認できない『征倭紀行図巻』には、順天城とともに南海城も描かれている。アーチ形の石門上部に櫓門を載せた城門が描かれている。これは中国式の門をベースにした描写と考えられ、絵師の創作と思われる。ただし天守は三層三階、壁を下見板張り、二層は大入母

石垣B

屋とし、上部に望楼を載せた姿に描く。現状の天守台を見る限り、三層三階程度の天守が想定できる。恐らく天守の描写に関しては実景に近いのではないか。遠方からでも目視でき、観察しやすかった天守に対し、虎口は接近しにくい状況にあった。それが天守・城門の描写にそれぞれ表れているのではないだろうか。

南海城を訪ねる際には主郭東側、海岸に面したFにある「張良相東征詩碑」を見落とさないよう注意したい。自然の岩に刻まれた碑は、明軍による慶長の役戦勝を記念したものである。万暦二七年に明軍の督行征倭遊撃将軍・張良相によって建碑された。万暦二七年は慶長四年、つまり慶長の役が終結した翌年にあたる。これは慶長の役終結後も、南海城一帯での明軍駐留を示している。

南海城の主郭はほとんど畑となっている。倭城探訪に限った話ではないが、畑内部にみだりに立ち入らず、決して作物を踏みつけないよう注意したい。畑作の人や土地所有者に出合ったら、「アンニョンハセヨ」と声を掛けた上で、相手の指示に従うよう心掛けたい。

（訓原重保）

南海城跡概要図（作図：髙田徹）

## 22

# 順天城

순천왜성　スンチョンウェソン

順天城は朝鮮半島南西部の南海岸、韓国内でも最西端にある倭城である。光陽湾に突き出た半島先端の低丘陵上にある。かつては西側が陸続きで三方を海に囲まれていたが今は埋め立てられ、城の東端に設けられた人工の用水路がかつての海岸線の痕跡として残るのみである。埋め立て地は工業団地化が進み工場が建っている。

慶長二年（一五九七）の講和交渉の決裂により、戦端が再開され、豊臣秀吉の命により朝鮮半島南部の恒常的支配を進めるため、新たな支配地域の西端に順天城の築城が慶長二年十一月より開始された。小西行長、宇喜多秀家、藤堂高虎により、わずか二カ月という短期間で完成し、城主は小西行長と決まった。突貫工事となったのは、この時期に未完成の蔚山城が朝鮮・明軍に包囲され、籠城戦ではあわや落城という事態になり、順天城も次の攻撃目標と予測されたからであろう。

予想通り慶長三年九月になると、朝鮮・明軍の西路軍と水軍が順天城に攻め寄せてきた。朝鮮水軍は初戦で秀吉水軍を打ち破った強敵李舜臣が率いていた。戦いの前に和議の会談のもちかけが明軍からあり、小西行長が会談に行く途中、明軍の伏兵にだまし討ちにあった。しかしながら、行長は伏兵に気づき辛くも逃れたため、即日籠城戦に突入した。日本側は小西行長を筆頭とした松浦鎮信、有馬晴信、五島玄雅、大村喜膳などの九州勢六大名が集結し守備を固めていた。

戦いは城の周りの海が浅かったため朝鮮・明軍の軍船が引潮で座礁し壊滅的な打撃を被るなど、初戦から秀吉軍優位の状況で推移し、十月には朝鮮・明軍が撤退し、秀吉軍勝利で終結した。八月秀吉が死去すると、十月に

| | |
|---|---|
| **所在地** | 全羅南道順天市海龍面新城里 |
| **築城時期** | 慶長二年（一五九七） |
| **築城者** | 小西行長、宇喜多秀家、藤堂高虎 |
| **標高** | 六〇m |
| **主な遺構** | 天守台跡　石垣　土塁　堀 |
| **史跡指定** | 全羅南道記念物一七一号 |

撤退命令が発せられた。撤退に際しては、十一月に朝鮮水軍の妨害もあったが、島津義弘ら秀吉水軍の救援により、小西行長ら諸将は無事脱出に成功し、この後順天城も廃城となった。

　現在、詰めの城部分は史跡公園として整備され、外郭ラインは畑地となっており土塁の一部が削平されてはいるものの、外郭ラインまで含めても全体の保存状況はよい。詰めの城部分についての曲輪や石垣は整備が進んでおり、雑草も少ないためたいへん見学しやすい。ただし、石垣の整備は天守台も含めて積み直しが顕著で、本来の石垣の状況がよく分からなくなっている点は残念である。しかしながら、倭城としては規模が大きく、外郭ラインまでの保存状況もいいため、西生浦城、熊川城とともに筆者見学おすすめベスト三に入れたい名城である。

　城の範囲は外郭ラインまで含めると、南北七〇〇m、東西八〇〇mを測る広大な城域となる。半島先端に設けられた詰めの城から外郭ラインまで堀や土塁が重ねて配

詰城遠景（北西より）

**順天城へのアクセス**

順天総合バスターミナルから21番バスで40分、倭城バス停下車、徒歩10分で入口到着。

置されている様子を見ることができ、広大な城域を実感できるとともに、間近かに迫った朝鮮・明軍の攻撃にさらされていた当時の緊張関係を知ることもできる西部方面の秀吉軍最前線の拠点城郭である。

順天城には明軍側で従軍画家が描いたとされる『征倭紀功図巻』（以下『図巻』と呼ぶ）、秀吉軍側の武将宇都宮国綱の軍功記である『宇都宮高麗帰陣物語』などの、城の構造を知ることのできる貴重な史料がある。とくに前者は絵図で、城の姿を具体的に描いている点、城を見学する際事前に見ておきたい史料である。

では、整備の進んだ詰めの城から見学してみよう。最初に水堀に見える幅三〇mはあろうかと思われる大空堀があり、中央に土橋をもった虎口1から詰めの城域に入ると、喰い違いの虎口になる復元石垣がある。ここから南東に少し行くと幅二〇mの二つ目の空堀の虎口2に到達する。この虎口も石垣のある喰い違いの虎口となっておりその壮大

順天城中堀

本丸西面石垣

な石垣から詰めの城への大手口と見られる。虎口2より南側は二重空堀となるが、北側では外側の空堀は北西方向に延びている。内側の空堀に土塁はあるが、石垣は見られない。なお、詰めの城には空堀がないため、この二本の空堀が詰めの城の最初の防衛ラインとなっている。

本丸虎口4・5

　虎口2から南東方向に低い丘陵斜面を登る城内道があり、竪堀に沿って城の中枢部に入るための大手門のあった虎口4に到着する。虎口4から石垣づくりの枡形となる門になり、『図巻』でも櫓門として描かれている。この門から北方をみると総石垣の詰めの城の西面石垣がそびえている。詰めの城の中では一番見応えのある石垣で、横矢のかかる折れが一カ所見られる。しかしながら、石垣直下には空堀はないため防禦の効果は半減しているとも思われるが、『図巻』では石垣直下に柵列が描かれており、空堀に代わる防禦施設が確認できる。

　虎口2を抜けUターンすると、すぐに枡形の虎口5がある。この虎口5も石垣づくりの門で、櫓門となる可能性がある。この門を入ると本丸になる広い曲輪1に入る。そうすると、南側に石階段と付櫓台をもつ天守台が目に飛び込んでくる。この天守台はさほど高いものではないが、本丸の中央にそびえており、海上から見た場合、威容を示す位置にあることが理解できる。発掘調査から礎石が見つかっており、穴蔵にはならないことが判明した。倭城の天守には穴蔵を持つものはないため、構造的には大型櫓とでもいえる点を順天城でも確認しておきたい。『図巻』では望楼式の三層天守が描かれている。

　本丸から曲輪3に入るための虎口6も、石垣造りの枡形の虎口で、櫓門になる可能性がある。虎口の規模から

天守台

みると格調の高い門があったのは確実で、本丸に城主小西行長がいたとすると、曲輪3には五大名のいずれかの副将がいたのだろうか。虎口の規模や門の構造から、曲輪の性格について想像を巡らすのも楽しい。

曲輪3より北へ本丸東直下の帯曲輪を通過すると、曲輪2に到達する。この曲輪からは軍港がよく見える。小西行長以外の五大名がいた曲輪かもしれない。さらにこの曲輪から北の斜面を降ると、曲輪4に入ることができる。曲輪4は詰めの城最北端の曲輪で、北側直下にあった軍港防備ための曲輪かもしれない。

軍港の位置は『図巻』によると詰めの城北側の入江に、秀吉軍の軍船が描かれている。また、軍港に接して石垣は確認できないが瓦葺建物や櫓の存在も描かれている曲輪があり、ここに居館があった可能性を指摘しておきたい。この曲輪の東側には船着場に降っていくための曲輪8が存在する。『図巻』では軍港内の海上に建てられた天井のない三方板張りの仮設櫓が描かれており、軍港を守っていたことが分かる。

帰路につきながら外郭ラインの見学をしたいが、畑地となっているので作物を荒らさないように立ち入りには

外郭南部土塁

注意したい。外郭ライン南側は土塁のみの防禦施設しかないが、北側では石垣と土塁、幅一〇~二〇mの空堀で厳重に防禦されている。北側には外郭ライン防御の中枢となる曲輪5があるが、現況では南側に櫓台程度の規模の曲輪6のみである。『図巻』によると曲輪5に大手門クラスの櫓門、外郭ライン南端にも櫓門が描かれているが、現況では枡形の虎口は確認できない。『図巻』を信じると曲輪5の南面に存在していたのではないかと想像される。なお、外郭ライン外側に空堀は描かれていないが、『図巻』では二重の柵列の存在が見え、空堀に代わる防御施設があったことが分かる。また、軍港にあった同じ構造の仮設櫓や、前面板張りのみのさらなる簡素な仮設櫓が外郭ラインに多数描かれており、鉄砲を高位置から発射するための秀吉軍の防禦施設として注目される。短期間に朝鮮・明軍に備えるための苦肉の防禦施設であったが、弓矢と槍が主力兵器の朝鮮・明軍に対しては有効な施設であったのだろう。

城の構造は半島に位置する平山城であるため、外郭ラインの城域を有する加藤清正築城の機張城に類似する。しかしながら、外郭ラインの領域は、順天城のほうが遙かに広く比較にならない。外郭ラインによる広大な城域をもつ城をあげると、島津義弘・忠恒父子が築城した泗川城があげられる。泗川城も慶長二年（一五九七）の築城で、順天城と同じく慶長二年に朝鮮・明軍のうち中路軍に攻められた城である。おそらく大規模な兵力で攻めて来るであろう中路軍に対抗するため、大規模な兵力の駐屯可能な広域の外郭ラインをもつ城として築城されたと思われる。同様に東路軍の侵攻がなされた東海岸最前線の蔚山城も、同時期加藤清正により大規模な兵力を入れることのできる広大な城域をもつ城として築城されたと思われるが、詰めの城部分しか残っておらず、残念ながら順天城と比較することができない。

このように、順天城は慶長の役の朝鮮・明軍の大規模な兵力に対抗するための構造を示す城であり、同時期に築城された泗川城と蔚山城と比較しながら、広大な城域をもつ倭城の構造について体験してもらいたい。また、順天城よりも規模は小さいが、類似した構造の機張城の外郭ラインと順天城の外郭ラインを比較し、他の倭城との構造の違いを確かめることも面白い。釜山から最も遠い城ではあるが、巨大城郭を実感できる倭城であるため、必ず見学してもらいたい。

（松井一明）

外郭北部石垣

外郭北部空堀

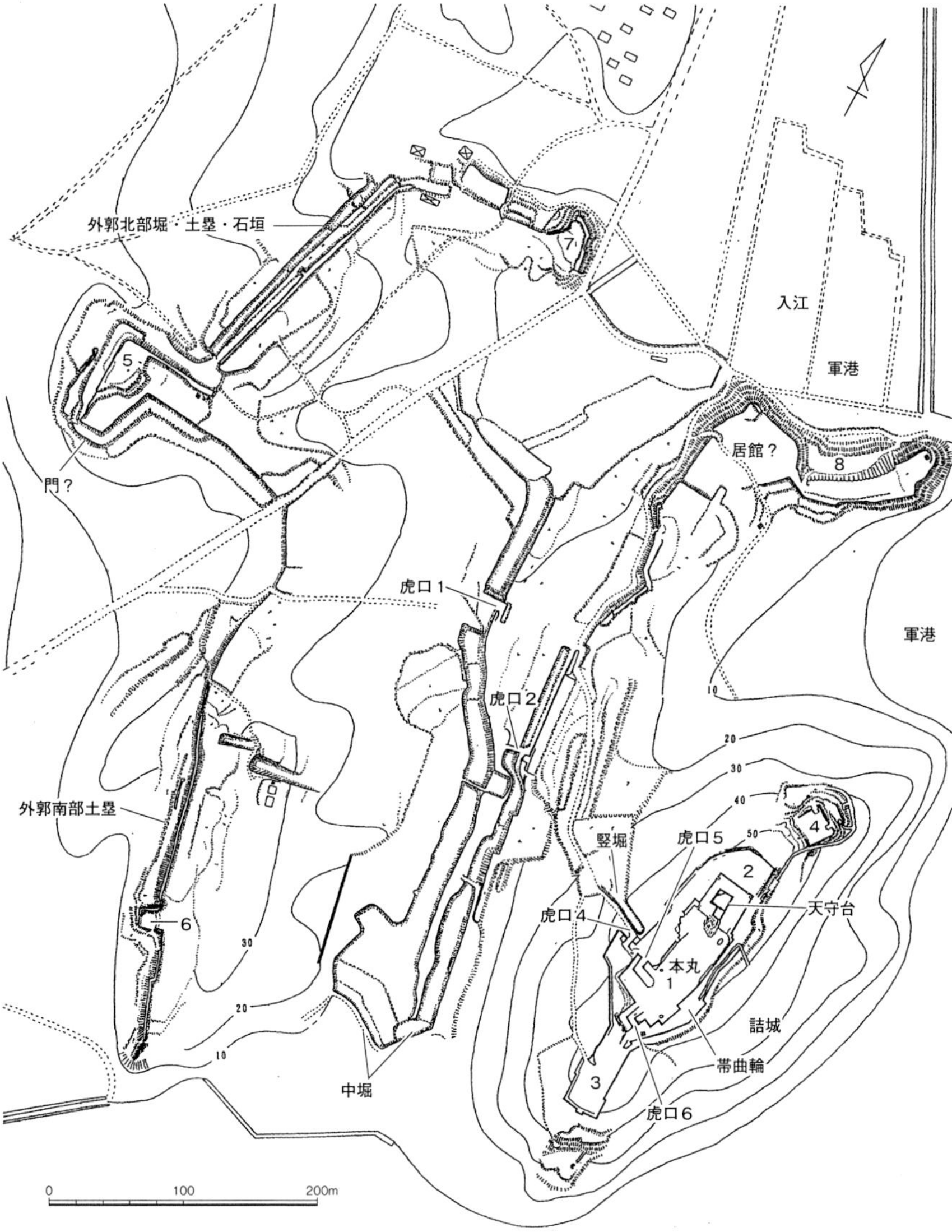


順天城跡概要図（作図：髙田徹）

Column

# 倭城が朝鮮半島の城郭に与えた影響

岡寺　良

## はじめに

朝鮮王朝は建国以来、日本列島からの半島沿岸地域における海賊行為、すなわち「倭寇」に苦慮してきたが、そこに軍事技術の交流はなかった。しかしながら文禄・慶長の役は、朝鮮・明軍と豊臣軍との国家間の戦争で、戦争を通じて少なからず軍事的な情報や城、武器などの軍事技術の交流が相互の軍になされたことは容易に想像がつく。なかでも豊臣軍が残していった倭城の築城技術が、朝鮮側の築城技術に与えた影響について、太田秀春氏の研究で注目されるようになってきた。

朝鮮側はいち早く豊臣軍の築城技術に注目し、その優位性を認識していた。実際、朝鮮・明軍は蔚山城を初めとする多くの倭城への攻撃を行ったが、一つも陥落させることはできなかったことから、倭城の築城技術の高さを痛いほど経験したに違いない。とくに、垂直に切り立った二重三重に石垣によって囲まれた防衛ライン、海岸線や河川に隣接した山頂を選地するなどの特徴は、優れた軍事基地として朝鮮側の文献史料にも記されている。また、当時の朝鮮国王・宣祖も、倭城が当時の朝鮮の城郭と全く構造が異なるもので、非常に優れていることを述べている。そして、倭城を一つも落とせなかった実戦経験から、役の終了後に朝鮮側は倭城の優れた築城技術を朝鮮側の軍事拠点にも取り入れようとする模索が始まった。

## 倭城の一部再利用

最初に倭城の再利用が検討された。例えば、豊臣軍と朝鮮・明軍が激烈な籠城戦を繰り広げた蔚山城では、その堅固で優れた構造が評価され、慶尚道の軍事基地である「慶尚左兵営」を蔚山城に移設する議論があった。また、蔚山城に限らず、慶尚道沿岸の軍事拠点を倭城に移し、住民もその城下に集住させ、住民共々防衛するという案も検討された。

実際には釜山城、西生浦城、安骨浦城では、朝鮮軍の駐屯地である鎮城が移設されたり、蔚山城、泗川城、南海城には水軍の拠点である船所、機張城では邑城が置かれたりもした。しかしながら、これらの城を訪れるとわかるのであるが、大規模に改修されることもなく、城域の一部が利用されるに留まり、城全体を積極的に活用することはなかった。また、その他の倭城についても、隣接地に軍事施設を設けることがあっても、倭城が直接再利用されることはなかった。

おそらく、従来の朝鮮側の城郭と倭城の構造があまりにもかけ離れていたため、その優位性は理解していたが、実戦的な利用方法を理解することが難しかったのではなかろうか。このように、倭城そのものの活用は積極的には行われなかったことが分かる。

## 倭城の石垣技術の導入

つぎに検討されたのが、石垣など倭城の防御性に優れた施設を朝鮮側の城に導入することである。

役後間もなく朝鮮は北方民族からの恐威にさらされることになり、その防衛が国家の軍事的課題となっていった。清に降伏し、清と君臣関係を結び国家の存続を図る一方で、軍事的には南漢山城の改修を始めた。

南漢山城は、韓国の首都ソウルの南方の山稜上にあって、清が攻めて来た際には、国王自ら籠城した経緯を持つ軍事的拠点である。元々は朝鮮邑城と同じく一重の城壁を延々と巡らし、垂直にそそり立つ城壁の所々に城門が開口する構造をなしていた。ところが城の南方は地形がなだらかで防御上の弱点となっており、この地点の防御上の弱点を補うため、城門に横矢がかけられる張出施設である甕城《オムソン》が築かれた。

注目されるのは、朝鮮式の城壁は立方体の切石を隙間なくほぼ垂直に築いているのに対して、南漢山城の甕城の石垣は大型で、粗雑に割った石を上部に行くほど垂直にするといういわゆる扇の勾配の技術と、石垣の隙間に小さい石を詰め込む間詰石の技法が用いられていることである。甕城の石垣はまさに倭城の石垣の築造方法を参考にしているのである。

ところが、その一方で、隅角部分

朝鮮式の山城の甕城に用いられた日本式の石垣（南漢山城）

の傾斜は完全な扇の勾配になっておらず、さらにきれいな算木積みにもなっていない。つまり、甕城の石垣は倭城の石垣を参考にしてはいたが、朝鮮側の石垣工人が、技術の完全な習得に至らず、単にまねて積んだにすぎないことがわかる。

技術の稚拙さはさておき、倭城の石垣の優位性については、次のような理由が考えられる。

城壁を登ろうとする敵兵を城内から攻撃する場合、従来の韓国の城にみられる垂直に築かれた城壁だと敵兵の確認が行いづらい一方で、倭城の石垣は扇の勾配をもつため、石垣を登ってきた敵兵の確認が容易で、しかも防御性が高い。このような理由から積極的に倭城の石垣技術のみが導入されたのであろう。

南漢山城の他にも、竹州山城など、いくつかの城に、倭城の石垣の特徴が残っている。

## おわりに

一八世紀になると再び江華島や水原華城の築城・改修を行うにあたって、倭城の石垣技術の導入について議論されたが、結局のところ採用されることはなかった。またこの頃から、城門周辺に城壁の一部を突出させた砲台を設けて大砲を備えつけることにより、城壁を登ろうとする敵兵に対して側面攻撃ができる城が見られるようになる。この技術革新により、もはや倭城の築城技術は顧みられることはなくなったのである。

# 倭城の見方

# 倭城の天守

戸塚和美

## 軍事機能に特化した天守

　丘陵上の曲輪群を巡る総石垣、多用された堅固な枡形虎口、山上から山麓の港湾を囲い込む登り石垣と竪土塁、倭城を構成するそれらのパーツ（施設）は、国内の城郭と比較しても極めて軍事性が高いものと評価されている。その中には天守・天守台も含まれるわけであるが、国内城郭の天守が新時代の到来を告げるプロパガンダとしての側面を強調して構築されるのとは、異なった意図の下で倭城の天守が構築されていたと考えられている。すなわち、極度の軍事的緊張下において築かれた倭城の天守とは、城郭本来の軍事的機能を最大限に高め使用されていた構築物であるとの指摘である。ここでは倭城の天守台と史料に表れた天守を概観し、国内の天守台との比較検討を交えながら、倭城の天守の軍事機能に専一された実態とその背景に迫ってみたい。

## 天守台の形と位置

　言うまでもなく建築物としての天守は残されておらず、天守を戴いていた天守台のみが現存している。その形態を見てみると、平面形は四角形を基本とするが、永登浦城・林浪浦城のように一辺を突出させた六角形を呈するものや、南海城・機張城・順天城・金海竹島城のように四角形の天守台に付櫓台が付属するものが認められる。矩形を基本としながらもバリエーションが存在することがわかる。

　城郭内での天守台の位置については大半が主郭部隅に設けられるが、順天城は天守曲輪の中央に築かれた、独立式となっている。これは、曲輪中央の露岩を取り込んだための措置と考えられている。梁山城・西生浦城・金海竹島城では天守台脇に虎口が設けられ、天守が主郭部虎口の防御を担っていたと考えられている。また、永登浦城では天守台入口前面を石垣で囲み防御の曲輪を設けている。

　城域全体の中での位置を見てみると、長門浦城・熊川城・梁山城・林浪浦城では城域の外郭ラインの一隅に取り込まれるように、つまり天守台は城外に接して築かれる。中でも長門浦城・熊川城では、外郭線を構成する登り石垣・竪土塁が天守台を起点としており、天守との強い軍事的関係が示唆される。固城城・倭城洞城では海岸方向に突き出すように天守台が構えられており、城郭中心部の求心的な箇所に位置する国内の天守とは異なる。

## 天守の数

　天守の数に関して国内城郭は一城郭一天守が基本であるが、倭城においては一城郭内で複数の天守が設けられる事例がある。一城別郭である長門浦城では山上と山腹の両曲輪群に天守台を備えており、安骨浦城では並列する三つの曲輪にそれぞれ天守台が設けられている。また、蔚山城のように天守台に相当する遺構を見出せないものも存在する。

　その他、西生浦城においては、天守台石垣に継ぎ足し状部と後設と考えられる登り石段による虎口があり、三段階程の拡張変遷が指摘されている。

　天守台遺構とともに天守台周辺には大量の瓦の散布が確認されており、言うまでもなく天守の存在を裏付けている。それらの瓦の特徴としては、焼成・形状・調整方法等の差異による色調・大きさにバラツキがみられる。

## 文献にみる天守の様相

　文献史料に表れた倭城の天守の様相を見てみると、文禄二年七月二七日に豊臣秀吉が甘筒浦城の小早川隆景に宛てた書状の中に「一、百石　是ハてんしゅ二をくへし　ほしいひ」の記載があり、有事に備えた兵糧として干飯を天守に備蓄することを指示している。また、武具や硝煙等の備えも列記されているが、天守以外の場所が明記されていない点は注目される。天守への兵糧・武具の備えは、金海竹島城の鍋島加賀守にも発給されていることから、同様の指示が他の倭城諸将にも出されてい

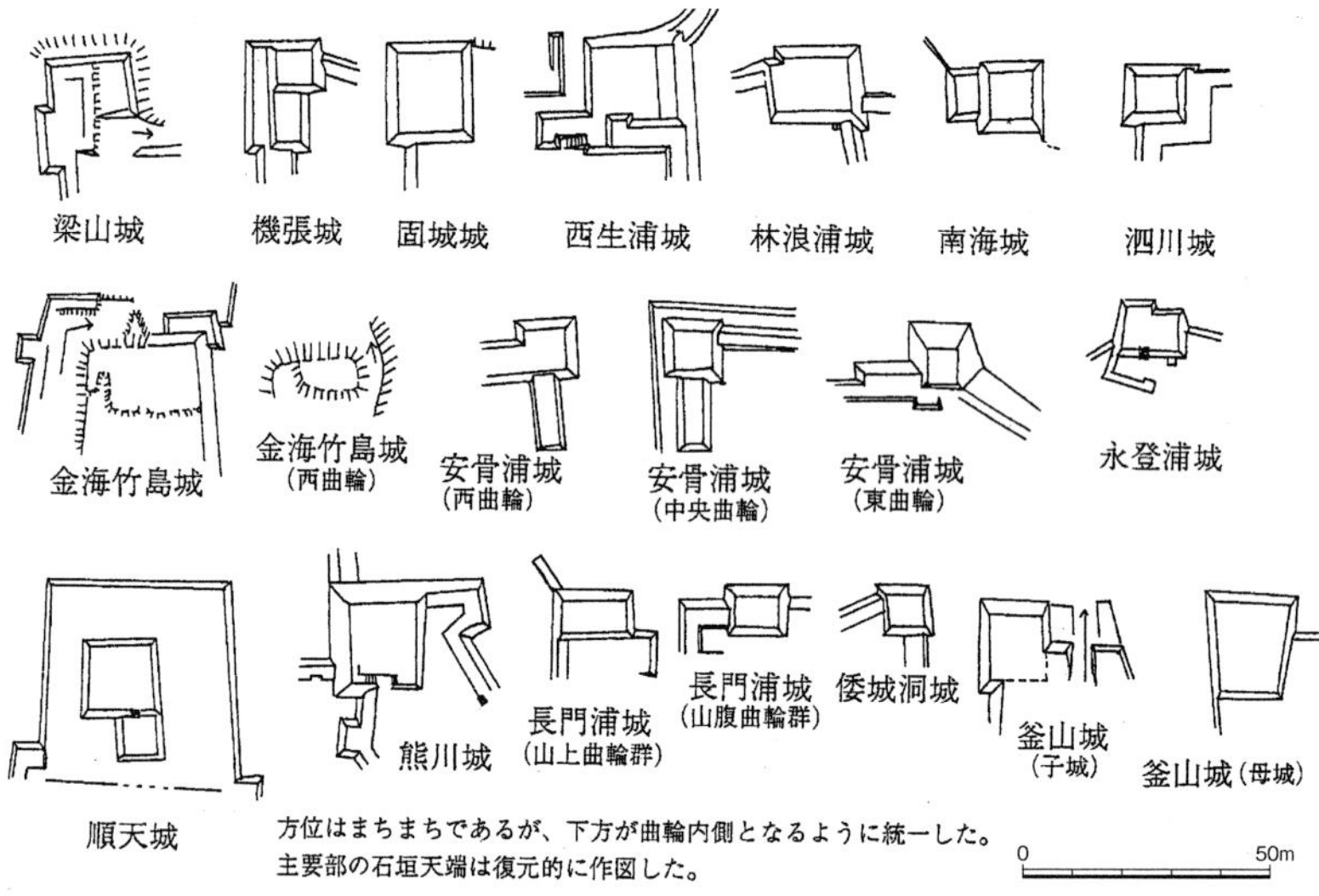

方位はまちまちであるが、下方が曲輪内側となるように統一した。
主要部の石垣天端は復元的に作図した。

主要倭城の天守台平面図　出典「倭城の天守について」髙田徹

たと考えられる。

『奥関介入道休如覚書』には泗川城の天守の様相が記されており、「南門と北との角に三階の天守上り申候。天守の塀も板にて黒塗に出来申候」の記載から、二つの天守の存在がしたことがわかり、先に見た安骨浦城・長門浦城の一城郭内の複数天守の存在を裏付けている。また、外観が黒板張りであったこと、三階であったことなど、規模・外観は国内天守と何ら変わりないと理解される。

『宇都宮高麗帰陣軍物語』には「今順天と申城ハ、四国・中国衆秀吉公御意を以て取立たる城故、天守有、矢倉等も数多有之」と記されており、順天城は秀吉の御意をもって築かれた城であるが故に天守が築かれ、櫓の多くが築かれたということになる。

『朝鮮日々記』によれば、文禄の役で豊臣軍が漢城を占拠した際、「王位様ノ御舎兄の立ヲ取構、天シユヲ上ケテ備前中納言様御陣ニ成」とあることから、漢城占拠後直ちに天守を築き、宇喜多秀家が着陣したことがわかる。

## 外国人から見た天守の様相

日本人以外の朝鮮・明軍、基督教宣教師には、どのように映っていたのか、史料を見てみよう。朝鮮側の史料、『宣祖実録』の宣祖二八年正月十二日条には、金海竹島について「三面臨江、周以木城、重以土城、内築石城、高台傑閣粉壁絢爛」と記され、石垣で囲まれた曲輪内に漆喰塗りの絢爛な高層建築、すなわち天守の存在を認識していることがわかる。

朝鮮水軍の李舜臣による『壬辰状草』萬暦二十年九月十七日啓本では、釜山城の様相が「而其中大舎段、層塔粉壁有若仏宇為白有臥乎所、原其所為、極為痛憤」と記され、築地塀で囲まれ、天守と思われる漆喰壁の高層建築を仏殿のようだと表現しており、はじめて目にしただろう天守の一比喩としても興味深い。

陳景文の『曳橋進兵日録』には、順天城について「作五層望楼、塗以白土、蓋以瓦、状如飛翼傍列」と記され、ここでも漆喰壁と瓦を戴く五層の望楼に注目しており、天守のインパクトの強さがうかがわれる。また、泗川城の天守が黒板張りであるのに対し、順天城では漆喰塗壁である外観の相違は興味深い。

明側の史料として、『両朝平攘録』には島津軍撤退後の泗川城を実見した董一元が「見大塞、凡四層、倭房数数千間、石城外、又為木城三層、極其牢密、塞内器用、床几、屏風、一色泥金、最為精巧、又有違性金糸鸞駕、金糸掌扇、炳燿奪目、董令悉焚之」と記し、三・四層の天守が存在し、室内には宝物が充満していたとされる。

絵画史料の『征倭紀功図巻』には順天城の箇所に「五層望海楼」と記された天守が描かれている。大入母屋の上に高欄を配し、壁面には華燈窓が設けられた天守は、国内の天守の概観に類似している。

ポルトガル人宣教師ルイス・フロイスの『日本史』には、倭城について「日本で行うのと同様に、切断しない石を用い、壁も砦も白く漆喰を塗り、天守と呼ぶ高い塔を設け、一城ずつ丹誠を籠め、互いにその出来栄えを競い合った」と記している。天守が出来栄えを競うように丹誠を込めて築かれたとされる点が注目されよう。出来栄え競い合ったかの有無はわからないが、出来栄えを競い合う程のシンボリックな存在であったと理解されよう。

以上のように、現在残されている遺構としての天守台の存在と周辺の瓦の散布状況、並びに国内のみならず朝鮮・明、基督教宣教師による史料から、倭城にも天守が存在したことは間違いない。天守の一機能としては兵糧・武器・宝物などの貯蔵施設を兼ね、外観は概ね三層前後の高楼建築であったことも確かであろう。

外観は国内の天守と何ら遜色のないものと考えられるが、異なる点も指摘できる。泗川城は下見板張り(黒)と推定されるが、釜山城・金海竹島城等では塗込(白)と推定される。国内においては豊臣期の天守が下見板張(黒)、徳川期の天守が塗込(白)として、豊臣期と徳川期の意匠の差異として捉えられているが、倭城においては必ずしもその図式と符合するものではない。

## 複数大名の意思の下、築かれた天守

天守台については矩形を基本としながらも独立式や複合式などバリエーションが存在することや規模についてもバラツキがあることが指摘できる。おそらく、各倭城の規模、築城担当、各城郭の役割などが異なっていることによるもので、特に築城担当の違いによる差異によるところが大きいと考えられる。

国内の天守との比較における最も大きな差異は、倭城の一城郭内での複数天守の存在であろう。その理由としては、各倭城の在番武将は必ずしも一大名でなく複数の大名が在番しており、各大名の身分標識として複数の天守が築かれたと考えられる。さらに、先に指摘した下見板張(黒)と塗込(白)に見られる外観の差異からは、各大名がシンボライズする構築物として、フロイスが記した「その出来栄えを競い合った」ことなどを勘案すると各大名の強い独立指向が見て取れる。

また、縄張りからみて、天守台はいずれも外郭線の一角に組み込まれ、軍事上の最前線の要地に構えられている点は看過できない。国内の天守が豊臣政権下の求心性と装飾性によるプロパガンダとしての側面を強調して築かれているのとは異なり、戦線の状況に即応した各大名の戦略的意思の下に築かれたことを示唆している。すなわち、極限的な臨戦体制下において築かれた倭城の天守とは、天守の究極的役割が攻守に専一された軍事機能にあったことを雄弁に物語るものと評価されよう。

# 倭城の虎口

下高大輔

文禄の役後、豊臣政権と朝鮮・明との間での和平交渉が行われたが破綻することとなる。これを受けて、慶長二年(一五九七)十一月中旬から加藤清正・浅野幸長・中国衆(毛利軍)らにより蔚山城の築城が開始される。しかし、完成間際の翌月二十二日に突如、明・朝鮮連合の大軍に襲われることとなる。これが有名な加藤清正らによる蔚山籠城戦である。総構えラインは突破され、石垣で普請された蔚山城中枢部である本丸を中心に籠城戦を展開したのである。その総司令部たる本丸の跡には現在、地表面観察によって二箇所で石垣の途切れた部分が確認されており、虎口と考えられている(図1)。曲輪の塁線を形成する石垣の配置から城門の位置が推定されており、さらに一つの虎口には城門の柱を支える礎石が二つ確認されており、城門の位置を追認している。

このように、本丸には二つの虎口があり、それぞれ一つずつ城門が存在していたと想定されている。さらに、築城後の在番の任を与えられた加藤清正への城引渡しの際に作成されたとされる「蔚山之御城出来仕目録」(大日本古文書　浅野家文書)の記述をもとに二つの虎口には櫓門が存在していたことがわかっている。

櫓門とは門扉のみではなく、二階構造となっており、一階部分が門扉を介する曲輪への出入り口とし、二階部分を門扉前面(城外側)に対する防御を目的とした櫓を配置したものである。具体的に二つの城門の形状は、一つは国内の城郭でもイメージしやすい屋根に瓦が葺かれたものであり、門扉の上の階に相当する櫓への出入り口は二箇所あると記されている。一方の櫓門は、門扉脇に潜戸が一つ付くものであり、前者の櫓門よりも横幅が広くなることが想像できる。屋根については「おか板とち

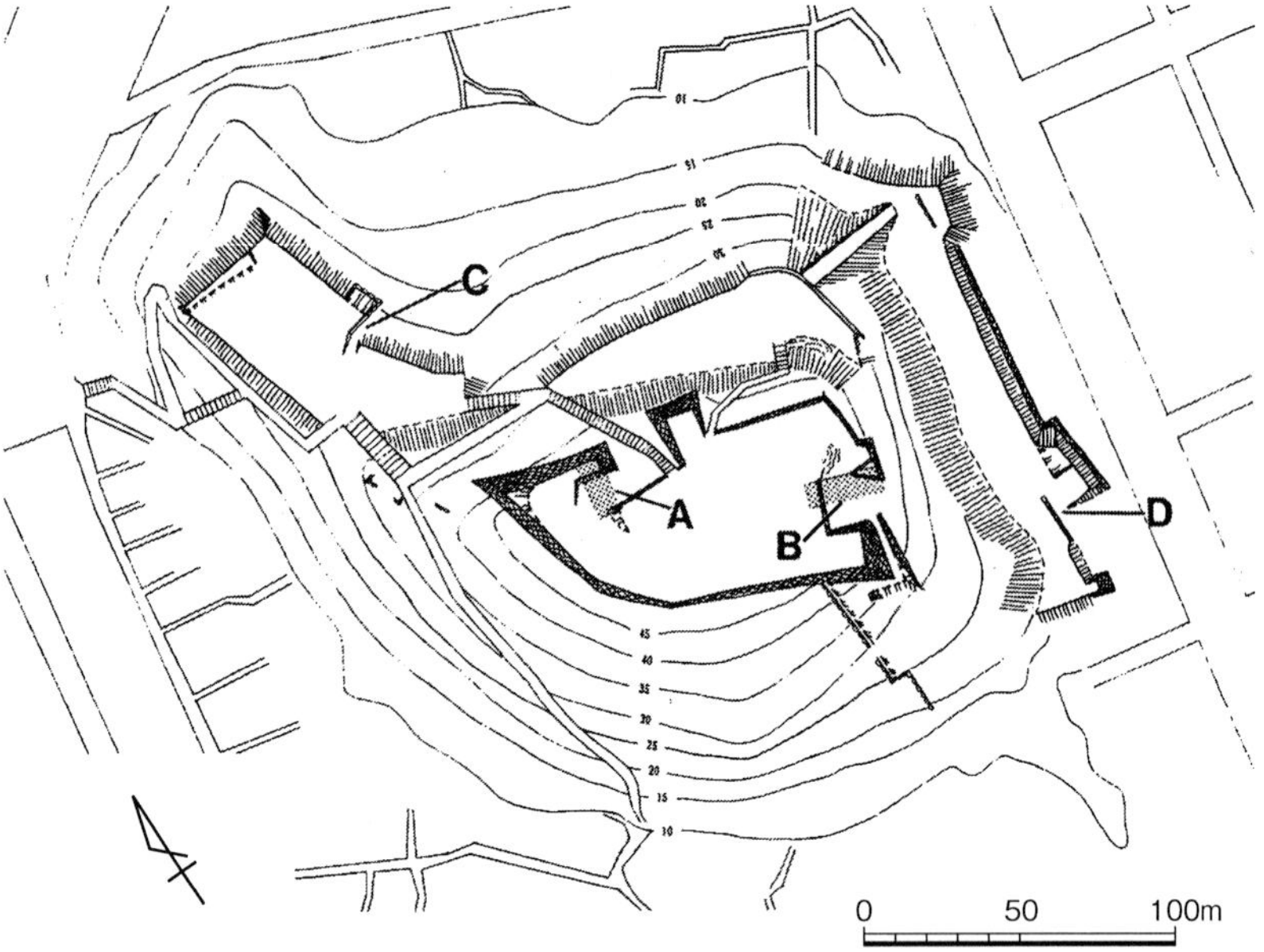


図1　蔚山城虎口位置図（堀口健弐氏図をベースに髙田徹氏が作成）
網かけ部分は想定される城門を示す

ふき」と記されており、大鋸で製材された板の上に土を葺いた状況を示したものと考えられており、前者の城門とは外観そのものが異なる様相であったことは明らかである。そして、二階部分に相当する櫓への入り口も一箇所と、これも異なる。これらの記述からの城門の規模や先述の地表面観察で確認されている虎口幅で、図示されたAが瓦葺き城門、Bが大鋸板土地葺き城門であったと考えられている。さらに図示された城門想定位置の門扉の城外側にあたる前には本丸曲輪から突出する形で石垣の塁線が存在している。ここには櫓が配置されていたと想定されており、その櫓は門扉前の枡形空間全体をカバーするというよりも、最低限門扉のみをカバーする配置となっていたことが指摘されている。このことから虎口構造の中でいかに門扉が重要であったかを追認していると評価されているのだ。

　ここでは、倭城のなかで蔚山城を採り上げて、虎口の具体的な様相を見てきたが、そもそも虎口とは一般的にどのような構造なのであろうか。これについては図2の模式図がわかりやすいと考える。虎口構造は、主に三つに分解できるとされる。それが城門を中心とした「主遮断線」、これを挟んだ城外側が「前方導入部」、城内側が「後方導入部」といった具合である。先程の蔚山城本丸虎口の事例から、主遮断線となる城門が虎口にとって最も重要な施設となることは述べてきたとおりである。そして、城門に付随する櫓からして、その防衛対象である前方導入部となる空間が次に重要となることはおわかりであろう。こうした虎口構造を理解するには、土木造成による石垣などの普請面のみに注視するのではなく、その上の構造物である城門などの作事面の考察は避けては通れないのである。これら具体的な様相の解明には、発掘調査などの遺跡に対するいわゆる外科的措置をしないとわからないと一般的に言われてきたが、今回紹介した蔚山城本丸虎口の調査・研究事例から、地表面観察による概要図（縄張り図）と主に文献史料を用いた内科的診断だけでも十分に虎口構造の解明に繋がるのである。こうした精力的かつ緻密な研究成果の上で外科手術たる発掘調査の成果が重なり合うことで真実により近づくものと考える。

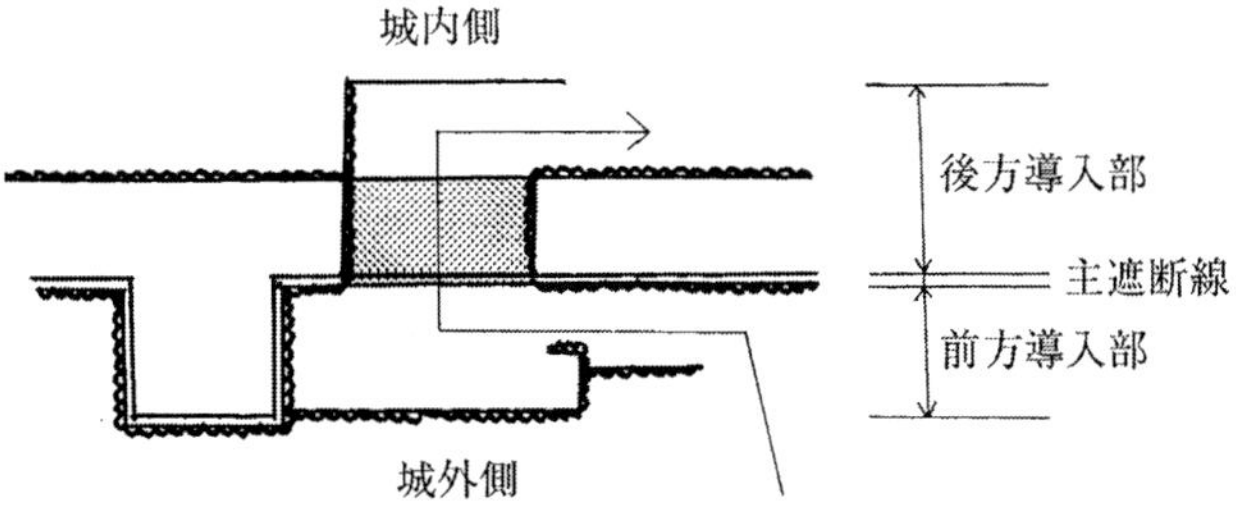


図2　虎口模式図（髙田徹氏作成図）
網かけ部分は城門、矢印は導線を示す

　中世城郭・織豊期城郭・近世城郭と、どの時代の城にも必ずある城郭特有の施設が「虎口」である。一言で言うと、曲輪への防御された出入り口と言った具合だろう。城郭に普遍的に用いられることや、城郭特有の軍事性の象徴として、城郭研究における虎口を対象とした研究は今でさえ多いといえる。しかし、その研究の始まりは決して古くはない。これまで虎口を対象とした研究として、村田修三・千田嘉博・髙田徹氏らの一連の研究があげられ、研究史上避けては通れない重要な研究である。なかでも千田氏の研究は、その後の城郭研究を牽引するくらいの影響があったことは城郭研究の分野では周知の事実である。ここで倭城の虎口も検討対象としてあがっているのである。その理由は、倭城が文禄・慶長の役という限られた短期間のうちに築城・機能し、当初の築城目的のみ達成する形で廃城となったという歴史的事実から、「標準化石」の異名をもつほどの良好な研究資料だからである。倭城の虎口について、現時点で極めて詳細かつ緻密な研究としてあげても過言ではないのが、高田氏による一連の研究であると筆者は考えている。ここでの前半部分の内容は、髙田氏による研究成果に依拠していることをお断りしておく。

氏は、現在遺跡として把握されている倭城を精力的に踏査し、地表面観察による概要図（縄張り図）を作成の上、そのうち虎口施設の遺構となる部分をすべてピックアップしている。その際、石垣や土塁などの遮断防御施設が途切れる部分を目安とし、さらに普請面のみならず、城門などの作事面についても考慮した上で検討を行ったのである。そのカウント数は一〇〇を越す。これらを九型式に分類した上で、豊臣軍の朝鮮出兵の際の朝鮮王朝領土内での築城には様々な虎口型式を採用し、すでにこの時期にこれまでの国内での築城において多くの種類の虎口が開発・採用されており、それを対外戦争においても活用したという内容を述べているのである。

ところで、これも氏の指摘に準拠する形となるが、朝鮮・明軍は倭城のことを、土穴を意味する「土窟」と呼んでおり、先述した城門の屋根形状である大鋸板土地葺き建物を連想させると指摘している。これは、朝鮮・明軍は倭城に対して主に大軍による包囲戦を展開しており、その攻城の際に真っ先に攻める的となったのが、虎口にある城門だったからと筆者も考える。豊臣軍は文禄・慶長の役の際のすべての籠城戦において勝利しており、基本的には朝鮮・明軍は豊臣軍が本国に撤退するまでは城内には侵入できていないのである。つまり、合戦時に最も目につく場所である虎口にあった施設の多くが、瓦葺きの城門ではなく、大鋸板土地葺き城門であった可能性は大いにありえるのではないだろうか。

# 倭城の石垣

加藤理文

## 構築時期が限定出来る石垣

倭城の石垣で最も重要なポイントは、構築時期が限定されていることである。文禄元年（一五九二）、朝鮮へ出兵した豊臣軍は橋頭保の確保と、半島南端の制海権を得るため、築城を開始した。和平交渉が決裂すると再度出兵し、慶長二年（一五九七）頃から城の強化・修築を開始、秀吉の死による翌年暮れの撤収まで、城は維持管理を繰り返しながら、機能していたのである。従って、倭城の石垣はほぼ六年間という極めて短期間に限定されるのである。

倭城の石垣は、大きく見れば自然石・粗割石を積み上げ、その隙間に間詰石を詰める「打込ハギ」と総称される石垣がほとんどである。国内に残る文禄・慶長期（関ヶ原合戦以前）の石垣と同様で、そこに大きな差は認められない。ただ、国内ではすでに矢穴を穿って石材を割った規格化が進み始めているが、朝鮮半島では矢穴痕が認められる石材は極めて少ない。これは、朝鮮半島南部の石材が、節理に沿って割れやすいためとも考えられる。そのため、比較的石垣石材に適した大きさの石垣を調達しやすかったということと、あくまで短期間の使用に限定した築城であったためとも考えられよう。石垣の積み方は、明らかに日本の技術を駆使したものであり、ある程度の石工集団が渡海し、徴用した朝鮮民衆を指揮し、日本式の石垣を構築した可能性が高い（**写真1**）。

## 構築者の個性が強い石垣

「登り石垣」を使用する城が多いことも挙げられるが、あくまで国内の城との比較であって、倭城全体でみるなら多いと言うわけではない。国内の城と違って、港湾施設まで取り込んだり、山麓居館との一体化が必要不可欠であったりしたための事象である。個別の城から倭城の石垣の特徴をあげると、共通点が余りに少ないことに気付く。つまり個性（形態差）が強いのである。それは、築城者の持つ技術差に追う所が大きかったためと理解されよう。関ヶ原後の築城に見られる、ほぼ統一された規格を認めることが出来ないのは、朝鮮半島における築城が、豊臣政権（豊臣軍）としての築城ではなく、築城を命じられた武将にまかせられたためと思われる。また、未だ石垣構築技術が発展途上であったためとも考えられる。やがて、出兵の長期化や、再度の出兵があったことにより、共同築城や築城者と在城者が異なる事態が生まれ、石垣構築技術が成熟し、短期間で強固な石垣を構築するための方策として、統一規格の石垣誕生に繋がっていったことが推定される。

　石垣の高さは、一〇mを越える高石垣から、二m足らずの低石垣までと様々で、平均すれば五m前後の石垣が多用されている。高石垣となるのは、天守台や曲輪の四隅、戦闘正面が予想される部分のみの場合が多く、高石垣が多用される城は、順天城、熊川城、蔚山城、西生浦城、釜山倭城など拠点城郭に限られる。総石垣とは言うものの、天守台を除け

写真１　西生浦倭城の石垣

写真２　亀裏倭城隅角部

写真３　熊川倭城隅角部

ば、他はほとんど低石垣のみの城も多い。

## 隅角部・築石部の特徴

隅角部は、直方体の石材の長辺側を交互に振り分ける算木積となる例は少なく、ほとんどが算木は志向するものの、石材の控えが短いため、交互に長辺側が振り分けられていない場合が多い。また、隅角の稜線は揃うものの、隅角に垂直となる石材を用いていないため、左右の石垣面に対し出入りが激しいケースも目立つ（**写真2**）。特殊な例として、石材の長辺側を横方向に据えるのではなく、縦方向に置くケースも多々見られる（**写真3**）。これは意匠面による配置と思われる。出隅部の角度は、ほぼ直角を多用するが、曲輪の周囲を囲い込む場合は、地形に合わせシノギ角を利用する場合も多く見られる。文禄期の築城に比較し、慶長期の築城がより算木積が進化発達するわけでもなく、算木の発達・未発達は時期差として捉えることが出来ない。従って、倭城の隅角部は、各工人集団の技術差を含め、技術的に発展途上段階と考えるのが妥当である。

築石部は、自然石や割れた石材を未加工の状態で積み上げている。意図的に石材の大きさを揃えて積み上げた石垣は稀で、大部分が石材を選ぶことなく大小取り混ぜて積み上げている（**写真4**）。傾向としては、国内の同時期の石垣に見られるように、長辺側を横に置く最も安定した積み方となるが、石材の形状をそのまま生かすために、縦位置や斜め配置するケースも見られる。慶長期の築城が確実な蔚山城は、石材の大きさを揃え、横位置に置き、目地を通すような積み方となる箇所も確認される。各石垣共に、石材間の隙間をより無くそうという意識が見られ、隙間が生じた箇所には丁寧に間詰石が充填されている。天守台や虎口周辺には、正面性を意識した鏡石が配されるのは、国内の事例と同様で、隅角部に巨石を配置するのも同様である。

## 石垣石材と勾配

石垣に使用される石材は、圧倒的に自然石と自然に割れた石材が多い。粗割石や面取りした粗割石、矢を利用し裁断した粗加工した石材も見られるが、数は少ない。矢穴が確認できる城は、金海竹島城・釜山浦城・順天城・安骨浦城・松真浦城・泗川城等であるが、順天城を除けば構築済の石垣内で見つけ出すことはかなり困難である。順天城は、明らかに隅角に使用することを目的に、石を裁断したと考えられ、多くの角石に連続する矢穴痕が見られる（**写真5**）。前述したように釜山周辺域は石材が豊富で、多くの石材が節理に沿って割れやすい性質を持っている。

そのため、あえて矢を使用して割るまでも無かったことも考えられる。構築された石垣を見る限り、据えるにあたってある程度の調整加工は当然行っていると思われるが、明瞭な加工痕は見られない。石材の調達にあたっては、朝鮮人民を使役したことが考えられ、当時の朝鮮の石材利用も考えなくてはならないであろう。

勾配は、基礎の根石を基準にほぼ一定の角度（勾配）で積み上げられている城がほとんどである。上部に行くに従って反りを持つ石垣も見られるが多くはない。大部分が高石垣の上部が緩やかに（わずかに）反っている程度である。勾配は、低石垣が旧角度で、高石垣は比較的緩やかとなる例が多い。明瞭な反りは、西生浦城の継ぎ足しが認められる石垣に見られる。内側の旧石垣は反りが認められないが、外側の新石垣には明らかに強い反りが認められる。この反りが築城者の加藤清正に起因するのか、それとも慶長期における石垣構築技術の変化が生んだ所産

写真４　機張城天守台西面石垣

写真５　順天城天守台の矢穴

写真６　松真浦城の継ぎ足し

なのかは判断できない。

## 改修・改造の痕跡

継ぎ足し石垣の存在によって、築城以後の改修・改造があったことが窺える（写真6）。前述の西生浦城は、城の中枢部の本丸・天守台を中心に大改造が施され、虎口を閉塞したことも確認できる。これは、明らかに文禄の役で築かれ、慶長の役の再渡海によって改造が施されたためである。機張城も同様である。また、大改造とまではいかないが、明らかに積み足した石垣が見られるのが、釜山浦城（母城・子城）・熊川城・順天城・松真浦城・金海竹島城等で、小規模ではあるが重要拠点に何らかの施設を付加するための増築と思われる。だが、継ぎ足しを境として内外の石垣構築技法を比較した場合、そこに石材の使用や積み方の差、隅角の組上げ方等に大きな差を認めることは出来ない（前述の西生浦城の反りを除けば）。わずか七年間の中での修築・改造であるため、そこに石垣構築技術の大きな進展が無かったのか、それとも橋頭保であり陣城である倭城という特殊事情のためなのかは何とも言いようがない。

## 石垣構築技術の普及

構築時期が、文禄〜慶長初期に限定される倭城の石垣は、同時期及び慶長期におとずれる築城ラッシュ時の石垣構築までの変遷を考えるに極めて重要な資料（遺構）であることは間違いない。単純に国内の事例とも比較は出来ないであろうが、戦闘行為に伴う短期間の築城にも関わらず、天守台を築き上げていることや、正面性を重視し鏡石を配置するなど、国内の同時期に見られる特徴が、そのままの形で倭城に見られることは、極めて重要なポイントであろう。豊臣大名にとって、城に天守をあげること、石垣を使用すること、正面性を重視することが、築城における最低限の基準であり、秀吉が望んでいた城のあり方であったことが窺い知れる。また、倭城の構築により、それまで石垣構築技術を持たなかった東国の大名にまで広がったことが、慶長期の全国的普及に繋がっていった。伊達政宗は、朝鮮から「いしがきの普請仕上り候。かみしゅ（上衆）に、そつともおと（劣）り申さず候」と母に宛てた手紙に書いたほどである。東国の大名にとって西国諸大名と同様の石垣構築技術を取得したことは、大きな出来事であった。

# 倭城の堀

松井一明

## はじめに

倭城を見学すると、国内の織豊系城郭と顕著に異なる点に気づかされる。それは、石垣のない土造りの空堀を多用する事である。すべての倭城で大規模な空堀が多用されるわけではないが、西生浦城、機張城、順天城、泗川城、熊川城、亀浦城など拠点城郭のほとんどに土造りの空堀が採用されている。これら六城の空堀を紹介し、なぜ倭城に空堀が多用されたのか解説したい。なお堀の位置については、各城の構造図を参考にしてもらいたい。

## 各城の堀

**西生浦城（P40）**　加藤清正が文禄二年（一五九三）に築城し、慶長三年（一五九八）浅野幸長が改修を進めた平山城である。東西方向の尾根筋を城域とし、東先端が回夜江の河口部に面し、軍港と館があったと想定したい。

空堀は、敵の侵入ルートである西側の尾根筋に二本の堀切、北面と南面の東西方向に伸びた石垣に沿って横堀、北と南斜面に竪堀が存在する。堀切は本丸西面石垣直下のものが幅二〇ｍはある規模の大きなもので、さらに西側尾根筋にも堀切があり二重の防御を固めている。とくに本丸西面石垣直下の堀切は、石垣との組合せで、非常に高い防御力を持たせたことがわかる。おそらく、日本国内の鉢巻石垣と同様に、堀による土の法面と石垣の法面を併用することで、高く積めなかった石垣の防御力を高めたものと思われる。

横堀は長大な登り石垣に沿い、長大な竪堀ともいえる。南面横堀については、本丸から山麓の館部分まで到達する長大なものとなっている。北面の横堀も山麓部分に向かって降るが、河口部の低湿地ないし川岸に面した場所は石垣のみとなる。中間の斜面が緩やかな部分については二重横堀として防御を固めている。これらの横堀も、石垣の直下に見られることから、西端の堀切と同じく高く積めなかった石垣の高さを補強する効果があったと思われる。

竪堀は本丸の南の北と南斜面にあり、南斜面は三重竪堀、北斜面のものは竪土塁が伴う。西方面からの敵の侵入を防ぐためのものであろう。

西生浦城の空堀は石垣と併用することで、東西方向の尾根筋を囲い込み、河口部の軍港と館部分を守るためのものであることは明白である。

写真１　西生浦城本丸東面石垣と空堀法面

写真２　機張城の曲輪西横堀

写真３　機張城の曲輪南竪堀

**機張城（Ｐ52）**　黒田長政が文禄二年（一五九三）に築城し、文禄四年（一五九五）加藤清正が改修を進めた平山城である。清江川河口にある軍港の西側に城が築かれた。

城の構造は天守台のある本郭部分の南城と、北からの敵の侵入を防ぐ防衛拠点となる北城に分かれる。空堀はこの二城の西面からの敵の侵入を防ぐための共通の外堀と、北城のみを防御する空堀からなる。外堀の北端は一部後世の改変で埋められてはいるが、復元すると南北方向の長さ七〇〇ｍ以上になる長大なものである。北城の櫓台石垣の部分を除き、ほぼ土造りの空堀で、広いところで幅二〇ｍはある。折れは北城櫓台部分で見られるが、所々屈曲しながらもほぼ直線的なラインを描く。

南城の空堀は西方面からの敵の侵入ルートにあたる場所に配置されている。この方面には石垣はあるが、空堀法面までは石垣は積まれていないので、腰巻石垣状になっている。さらに、南西隅から山麓かけて竪堀を配し、この部分を外堀と併せて二重堀とすることでさらに防御を固めている。南東隅には竪石垣とその外側に竪堀を配しており、南からの敵が軍港へ進入することを防いでいる。竪石垣も竪堀法面までの石垣はない。機張城の空堀も西生浦城の空堀同様に、一部石垣と併用することで、西と南方面からの敵の侵入を防ぎ、河口部の軍港と館部分を守るための構造であることがわかる。

**順天城**（P150）慶長二年（一五九七）宇喜多秀家と藤堂高虎が築城し小西行長が在城した平山城である。光陽湾に突き出た半島を城域とし、絵図より半島先端の入江に軍港があったと思われる。

本城は、半島先端の比較的高い丘陵上に天守を置いて、本郭部分とし、敵の侵攻が予想される半島付根方面の西側に、二つの防衛ラインを設けている。最西端の外郭防衛ラインは半島付根の位置、南北方向に長大な土塁を設けている。ラインの中央に防御の要となる櫓台をもつ曲輪5があり、この曲輪より北側の土塁の外側に幅一〇mの空堀がある。この空堀は西面のみで、北面には存在しない。北面の土塁外側は海岸になるため、空堀が必要ないのであろう。なお外郭ラインの石垣は曲輪5より北の土塁外側のみにあり、空堀の法面には及んでいない。

写真4　順天城中堀

写真5　泗川城外郭ライン大空堀

写真6　亀浦城畝状空堀群

この外郭ラインより内側、天守台のある本郭の丘陵麓に二重の空堀がある。とくに外側の堀は、半島を南北に分断し、本郭部分を島のようにする効果のある防御力の高い空堀で、南半で幅三〇m、北半でも幅二〇mを測る倭城の空堀のなかでは最大級のものである。その内側にも南端で幅二〇m、北半で幅一〇mの規模になる空堀があり、本郭を守る最終防衛ラインとしている。いずれの空堀も外郭ラインの空堀と同じく、石垣は虎口部分のみにしかないため、空堀と石垣の組合せにはならない。

総石垣で囲まれている本郭部分で

は、大手虎口に至る大手道沿いに竪堀があるが、西生浦城や機張城のように、石垣直下に空堀がないことに注目したい。

順天城の空堀は防衛ラインを形成するための施設として配置されており、とくに中堀は、近世城郭の堀に匹敵する巨大なものである。しかしながら、本郭部分では石垣と組合せて空堀が配置されないため、加藤清正の西生浦城などとは異なる構造であるため、築城者ごとの構造差があったことが確認できる。ただし、軍港は半島先端の入江にあったと思われ、外郭ラインの土塁・空堀より内側での配置となり、この点については西生浦城などと同じ構造をなしている。

**泗川城（P140）**　慶長二年（一五九七）に築城した平山城である。天守台のある城の中核部は公園となって改変されているが、北側と東側に空堀がある。

北側の空堀は天守台直下より東方向に延びているが、その先の石垣直下では確認できなくなるが、さらに東に向かって幅一〇mの空堀が続いている。つまり、天守台のある主郭部分の北面には石垣があり、石垣と空堀が組合せとなるが、その先の曲輪北側には石垣はなく、土塁と空堀の組合せとなる。北面の空堀が途切れた土塁上には櫓台とみられる平場があり、そこから南に向かって幅5mの空堀が延びている。この空堀は防御というより主郭部を区画するための空堀と見られる。

本城の空堀の見所はなんといっても丘陵続きの東側の外郭ラインを防衛する空堀である。半島状に延びた丘陵の東側の付根を分断するように、二重空堀が配されていることである。一本の空堀の幅の広いところで一七m程度となるが、二本の空堀を会わせると幅四〇m、長さ三〇〇mにもなる巨大なものである。

泗川城の空堀は、幅の狭いものは本郭部分を区画するため、石垣と組み合わせて配置されている。敵の進入が予測される東側には、半島を分断するような巨大な空堀を配置して、城を島状にするように防御を固めている点は、順天城と共通する。軍港は、順天城と同じく、本郭周辺の入江にあったと推定される。

**熊川城（P97）**　本城は標高一八四mの山頂に築かれた防御力の強い本格的な山城で、文禄二年（一五九三）小西行長により築かれているが、慶長の役では使用されなかったという。鎮海湾を望む半島の先端に立地しており、北山麓に館と見られる広い曲輪があり、この付近に軍港があった。山頂部には天守台のある本郭から山麓館を取り巻くように、北西方向と東南方向、さらに南方向の斜面に登り石垣・土塁が配置されている。これらの登り石垣・土塁の外側には、幅五〜七mの空堀が付随しており、長大な竪堀にも見える。とくに、北西方向に延びた空堀は一部二重になっており、陸地側の西方面からの敵の侵入を防いでいたことがよくわかる。

　熊川城は標高差のある丘陵上にあり、登り石垣と空堀を併用することで山麓館と軍港を守っており、その構造は先に紹介した西生捕城などの平山城となんら変ることはない。

**亀浦城**（P76）　最後に内陸にある山城タイプの亀浦城を解説したい。本城は洛東江に突き出た金井山塊の先端に位置している。文禄二年（一五九三）小早川隆景を責任者として築城し、慶長三年（一五九八）に毛利秀元らにより改修された。

　山頂部に総石垣の本郭部分があり、敵の侵入が予想される東側の尾根筋に幅二〇mの堀切がある。この堀切は石垣と併用されることはないので、戦国山城と何ら変ることのない堀切である。さらに、この堀切を突破されても北から東斜面にかけて、戦国山城に用いられるのと同じ畝状竪堀が配される。亀浦城は総石垣の城でありながら、日本国内の山城によくある堀切、畝状竪堀が用いられており、先に紹介した海浜部の軍港防御の倭城とは異なる構造である。陸路防衛のための山城であったための構造差を考えたい。

## 空堀から倭城を考える

　このように海浜部にある倭城の構造は、駐屯地と居館のある曲輪、さらに補給路確保のための軍港を防御することを最優先にしていたことが分かる。つまり、朝鮮軍の既存の軍港を取り込み、倭城を築いたと思われる。

　加藤清正が築城した東海岸の西生浦城、機張城の空堀の利用状況は、外郭ラインに土塁と空堀を併用し、本郭には石垣と空堀で防御する構造になっている。これに対して南岸にある小西行長が築いた順天城の本郭石垣直下には空堀はないし、熊川城も登り石垣・土塁と空堀の組合せになるが、本郭石垣には空堀は設けない。泗川城も、主郭部の石垣のある一部に空堀が併設されるが、外郭ラ

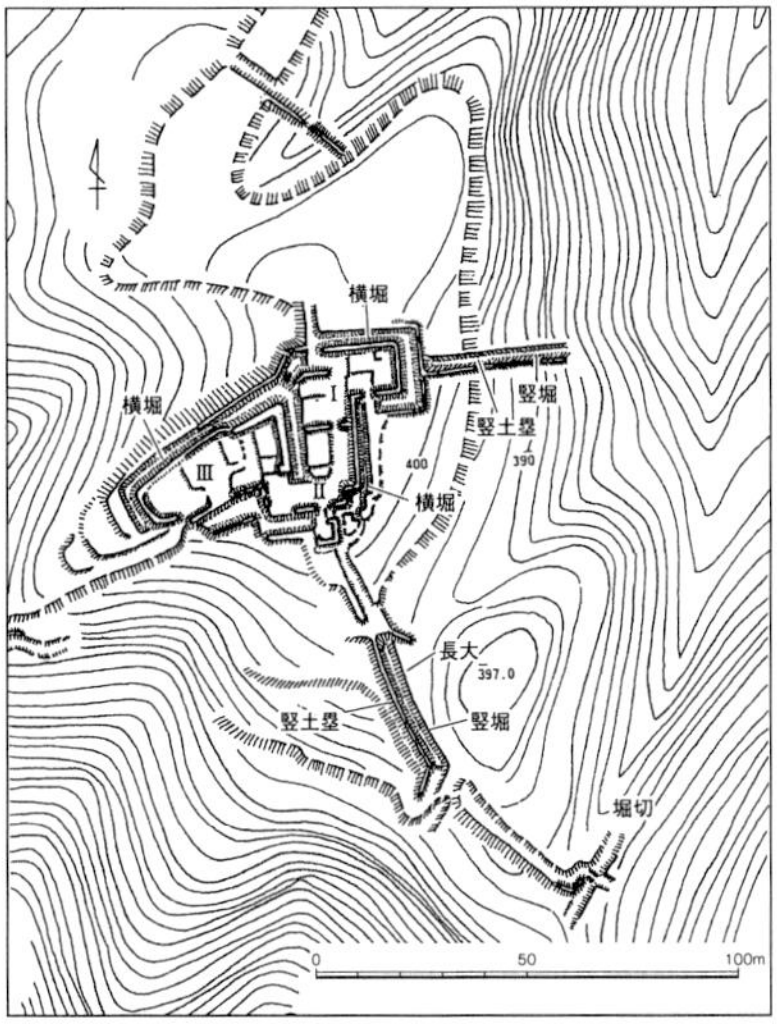

東野山城跡概要図（作図：中井均）

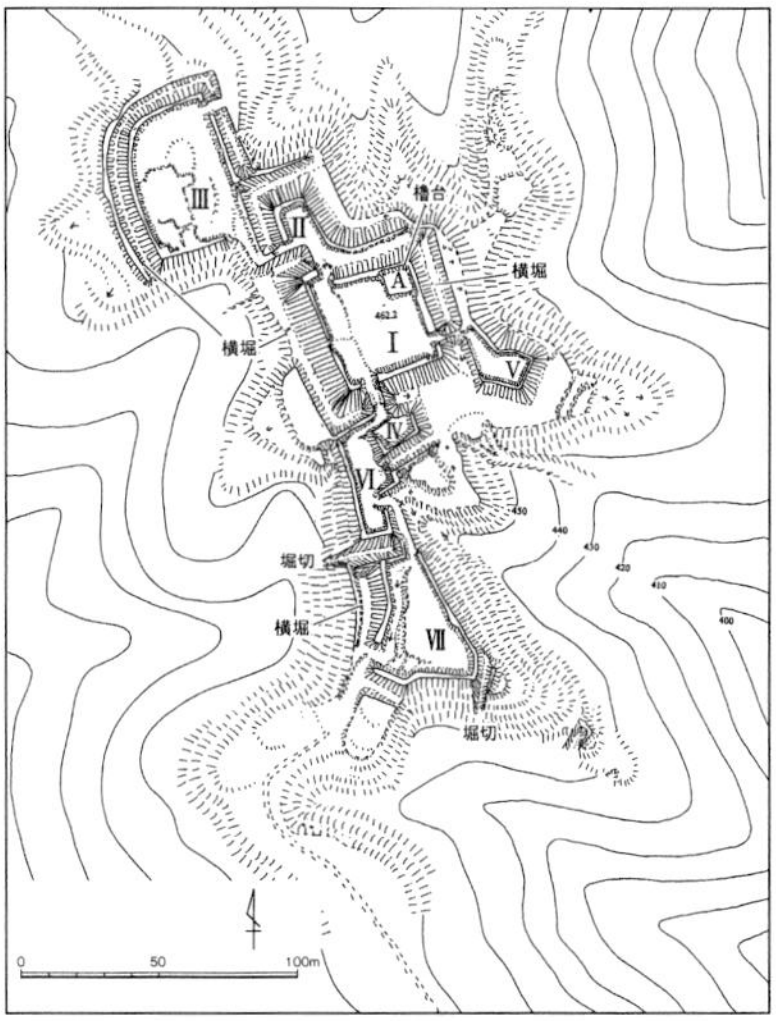

玄蕃尾城跡概要図（作図：髙田徹）

インの空堀に石垣が組合せになる事はない。小早川隆景や毛利秀元の築いた亀浦城に至っては、堀切、畝状竪堀など戦国山城特有の空堀を使用している。このような大名ごとに石垣と空堀の組合せが異なる点について注目してもらいたい。

　次に倭城になぜ空堀が多用されるのか、日本国内の織豊大名が築いた陣城と比較し答えたい。例えば賤ヶ岳合戦で使われた柴田勝家方の玄蕃尾城、羽柴秀吉方の東野山城などの陣城は、石垣のない土の城で、斜面や城域全体を囲い込む横堀、長大な竪堀など倭城と共通する構造が確認できる。つまり、倭城とは朝鮮という孤立無援の敵地に築かれた城であったため、戦う城としての陣城に採用された空堀を組み込んだ織豊系城郭なのである。さらに、豊臣秀吉の構想により倭城は朝鮮で確保した領国支配の拠点城郭としての性格もあるため、陣城にはない天守や石垣のある見せる城としての性格も併せ持つ折衷様式の織豊系城郭と位置づけられるのである。

　このように倭城の空堀のもつ意義は大きく、石垣や天守台だけでなく、主郭の外側や斜面にある目立たない空堀や竪堀についても、見逃さないで見学してもらいたい。

# 倭城の瓦

林　昭男

## はじめに

文禄・慶長の役が行われていた頃、日本国内の豊臣大名の拠点城郭では、織豊系城郭の築城技術が全国的に伝播し、城郭への瓦葺建物の導入が進んでいた。城郭における瓦葺建物の普及は建造物の耐久性や耐火性の向上など瓦がもつ本来の機能もさることながら、さらには金箔瓦や桐紋・菊紋瓦などの使用から政治的な機能も与えられており、瓦の城郭に果たす役割・機能は多岐にわたっていた。

それでは、同時期に築かれた倭城の瓦葺建物の役割・機能はどうだったであろうか。これまでに、倭城を訪れた城郭研究者の現地踏査で、倭城にも瓦葺建物が存在することがわかってきた。倭城の瓦の多くは地表面で拾われた資料を基本としているため多くを語るには資料的限界もあるが、泗川城や林浪浦城など発掘調査された倭城の資料も充実しつつあり問題点のいくつかを語ることができるようになった。本コラムでは倭城出土の瓦の特徴や機能、その瓦がどのような建物に葺かれていたのか紹介し、見学の際の一つの視点としたい。なお、確認した瓦は貴重な文化財であり絶対韓国外に持ち出すことはできないため、散布していた場所に置いてきてほしい。

## 瓦はどのように生産されたのか

地表面観察による瓦の散布状況の確認と、近年の発掘調査の事例により、多くの倭城で瓦葺建物が導入されていたことは疑う余地がない。しかしながら、各倭城でどのような瓦が、どのような建物に葺かれていたのかという根本的な事実を確認する作業を進めるためには、瓦自体の分析をしつつ、さらに城内での瓦の分布の傾向について注目する必要がある。

瓦の持つ意匠や造瓦技法によれば、倭城の瓦は、朝鮮で製作された瓦を使用したことは確実である。その入手方法は朝鮮の瓦工人を動員しての「生産」、または寺院などにある既存の瓦葺建物からの「転用」（略奪）という二つの可能性が考えられる。

瓦を製作する際、表面をたたきしめるための工具につけられたタタキ目の文様の傾向が、城郭ごとに異なることから、一元生産の瓦が各城に供給されていたのではなくて、地域毎に生産された瓦が供給されていたことがわかってきている。さらに、林浪浦城の山麓部での発掘調査では瓦窯が発見され、林浪浦城の瓦を焼いていた可能性が指摘された。ちなみに、日本国内の織豊系城郭の瓦で、タタキ目成形のあるものは少ない。

釜山城址の瓦

つぎに瓦の種類は大半が丸・平瓦であり、軒瓦がほとんどないという事実に注目してみたい。金海竹島城や機張城などでは軒瓦が数点確認されているが、その量は極端に少なく、近年発掘調査された泗川城でも、軒瓦は一点も出土していない。この事実から同時期の朝鮮半島南部の多くの寺院において瓦葺建物に軒瓦が極端に少ないという指摘を信じるならば、倭城も同様の傾向の瓦葺建物が採用されたということになる。

ただし、施工命令者が豊臣大名であるにもかかわらず、日本国内の織豊系城郭と同じように、技術指導をして軒瓦をなぜ葺かせなかったのかわからない。さらに、文禄・慶長の役が終結した後の日本国内の豊臣大名の城郭瓦のうち、例えば加藤清正築城の熊本城や池田輝政築城の姫路城に朝鮮瓦とされる滴水瓦が出現することは最大のなぞである。

前者については、短期間の築城を強いられたため、瓦の調達を生産で賄っていた場合、製作が面倒な軒瓦を省略したのではとも考えられる。

後者についてはこれといった理由を示すことはできないが、渡海した大名が物珍しい朝鮮半島で見た瓦を似せて焼かせたため、流行したとしか言えない。

このように倭城に軒瓦が少なく、丸・平瓦についても朝鮮瓦であるという特徴を示したのであるが、最近機張城と釜山子城で表採された瓦のうち日本国内の軒瓦と類似するものが報告された。機張城出土の瓦とされる中央に蔓草のような文様を配した軒丸瓦は、機張城が文禄二年

（一五九三）黒田長政により築城されたことから、この瓦文様が黒田家の藤巴紋軒丸瓦になる可能性が指摘された。子城でも揚羽蝶紋軒平瓦が採集されており、日本国内の池田家の姫路城や鳥取城で確認される揚羽蝶紋の家紋瓦と類似する。

これらの資料は表採のため扱いには慎重を要するが、たった二点とは言え倭城で朝鮮瓦以外の国内の家紋瓦が確認されたことは無視できない。今確実なことをいうのは時期尚早ではあるが、倭城の瓦のうち日本国内から供給された瓦、ないし日本式軒瓦文様の笵型を朝鮮に持ち込み瓦を生産した可能性が指摘できる。今後の注目点であろう。

機張城家紋瓦（黒田慶一,1997）

## 瓦葺の建物はどれか

最後に倭城内での瓦葺建物の使用箇所についての検討をしてみたい。瓦の分布を確認してみると、城域全域に散布しているのではなく、多くは櫓門のありそうな虎口や天守台、櫓台下より瓦の散布を確認することができる。日本国内の豊臣大名の城郭も、瓦葺建物は門や櫓、天守であり、この点については倭城となんら変わらない。このように、倭城における瓦葺建物の導入という視点に立つと、瓦生産は朝鮮側の技術、瓦葺建物の種類は日本側の設計によるものという理解が得られる。

## おわりに

倭城は日本で初めて海外に侵攻した際、戦闘用の兵力を多数駐屯させるための陣城でありながら、天守や櫓などの瓦葺建物が存在することが、倭城の本質を知るうえでの注目点である。つまり、倭城も日本国内の織豊系城郭のうち地域を支配した政庁としての拠点城郭の特徴を備えているといえる。この視点から、恒常的に朝鮮半島南部を支配するために、豊臣秀吉が行おうとした城郭の築城施策の一端が示されているといってもよいだろう。しかしながら、秀吉の死去により朝鮮半島からの豊臣軍の撤退となり、朝鮮半島における拠点城郭としての織豊系城郭は失われたのである。

以上、簡単にではあるが倭城における瓦と瓦葺建物についての見方を披露した。今わかる範囲で倭城の瓦についての状況と問題点を提示することはできたと思う。

# あとがき

二〇一〇年三月一九日、中部国際空に集結し、第一次朝鮮渡海のため大韓航空機で一路金海国際空港をめざした。釜山到着は夕刻、ここで福岡からの船便渡航者と合流。全メンバーがそろった所で、釜山名物の海産物を中心とした夕食を求めて「チャガルチ市場」へ直行した。適当な日本語を駆使するやり手のおばさんの勧めにのって、ヒラメのさしみをメインに注文すると、「これはおまけ！」と焼き魚が次々と出てくる。何やら日本人には親切だなあとばかり、「じゃあ、鍋も頼むか」などと、一同大満足でやり手のおばちゃんと記念写真を撮るやらして盛り上がっていった。韓国は物価も安いし、まあお値段も手ごろだから…韓国ビールｈｉｔｅのおいしさも手伝って気分も高揚し、釜山の新鮮な魚介類に大満足の一同であった。さて、会計ということになって、目が点になってしまう。何とメニューの0を一つ見落としていたため、一人あたり一万円近くもかかってしまった。一気に酔いが覚める皆々…「誰のせいや！」、はい。それは0を1ケタ間違えて注文を繰り返した私でございます。どうりで、上機嫌でおまけが出てくるはずだよ。こうして、韓国上陸初日から怪しい雲行き、皆さん調子に乗って注文するのはやめましょう。特に釜山の海産物をチャガルチの大きな店で食べるのは危険です。一夜にして、私は店を選ぶ権利をはく奪されました（泣）。

次の日は、N氏の鶴の一声で、釜山名物「八目ウナギ」の店へ。「釜山に来たらこれ食べなあかんで！」意気揚々と店に入るN氏（斥候のS氏も、店員を気に入り同調）。でも、店に他の客は見当たらない…何となく不安な予感が。鰻のかば焼きとか穴子の天ぷらのような料理を想像してみたが、店にはあるのは焼肉のようなアミのみ。韓国美人の店員さんが持ってきたのは、アルミホイル。アミの上にアルミホイルを乗せると、生きた八目ウナギが運ばれてきた。まさか丸焼き？一同顔を見合わせるが…おもむろにハサミを取り出した美人店員は、生きた八目ウナギをいきなりチョキチョキ切り出した。のた打ち回る八目ウナギ、ニコリともせずに切り続ける美人店員、言葉もない一同。切り刻まれ、跳ねまわる八目ウナギの部品は、アルミホイルに包まれていった。こうしてN氏も二日目にして店を選ぶ権利をはく奪されました（笑）。

さて、肝心な倭城のことは本文を参照ください。二〇一〇年から二〇一二年まで都合四回の渡海によって、二十二城の倭城を攻略するも、東莱城跡に入ることはかなわず、孤浦里城は二回も攻城するが失敗。第一次渡海では、案内のタクシーの運転手が道を間違え、大幅に到着予定時間をオーバー。第二次渡海のガイドさんは東宝旅行者の玉有得さん、我々に未だかつて足を踏み入れたこともない見知らぬ山の上ばかりへ連れ込まれ、その後体調不良でダウンしたとのこと、深く反省しています。ごめんなさい。第三次ガイドはやはり東宝旅行者の李貞和さん、玉さんからの情報収集の成果を生かし、次々と倭城を攻略していった。まったくまとまりのないわがままな集団に、関西的なジョークを駆使し、常に笑顔で付き合いながらも、危険を察すると突き放す絶妙のコンタクト技術を会得し、第四次の案内も買って出てくれた。第三次、四次の大幅な攻城数の多さは、全て李さんの事前調査の賜物である。記して感謝申し上げたい。ちなみに、私と斥候のS氏は李さんのファンです。

おそらく、ここまで詳しい倭城の案内本は、他にはないと自画自賛出来る内容となった。ひとえに執筆を快諾してくれた仲間たちのおかげである。また、快く図面を提供してくれた髙田徹氏に御礼申し上げたい。最後に、いつものことながら我慢を重ねつつも、督促のタイミングを見誤らない岩根治美さんのマネージメントがあってこその本誌である。あらためて感謝する次第である。

さて、本誌をご覧になった皆様、どうですか。倭城に行きたくなって来ませんか？　皆様の周りに「倭城へ行きたーい！」と思っている方がいたなら、ぜひ倭城見学のお供に本誌を同行させてください。決して、損はさせません。

盛夏を思わせるような残暑に見舞われてしまった

二〇一四年八月吉日

執筆者を代表して　加藤　理文

## 倭城の参考図書

『倭城Ⅰ』　倭城址研究会　一九七九
『豊臣政権の対外認識と朝鮮侵略』　北島万次　校倉書房　一九九〇
『倭城の研究』創刊号　城郭談話会　一九九七
『倭城の研究』第二号　城郭談話会　一九九八
『倭城の研究』第三号　城郭談話会　一九九九
『倭城の研究』第四号　城郭談話会　二〇〇〇
『倭城の研究』第五号　城郭談話会　二〇〇二
『倭城の研究』第六号　城郭談話会　二〇一〇
「朝鮮半島倭城の天守台は何を語るか」『天守再現』　髙田徹（別冊歴史読本26）　新人物往来社　一九九七
『秀吉の野望と誤算』　笠谷和比古・黒田慶一　文英堂　二〇〇〇
「泗川倭城について」『南九州城郭研究』第二号　髙田徹　南九州城郭談話会　二〇〇〇
「蔚山の戦いと秀吉死後の政局」『ヒストリア』第一八〇号　津野倫明　大阪歴史学会　二〇〇二
「文禄・慶長の役における毛利吉成の動向」『人文科学研究』第九号　津野倫明　高知大学人文学部人間文化学科　二〇〇二
「慶長の役における黒田長政の動向」『海南史学』第四二号　津野倫明　高知海南史学会　二〇〇四
「倭城の虎口─城門の位置・その機能を中心として─」『韓国の倭城と壬辰倭乱』　髙田徹（黒田慶一編）　岩田書院　二〇〇四
「朝鮮出兵の在番体制に関する一朱印状写」『日本歴史』第六八四号　津野倫明　日本歴史学会　二〇〇五
「文禄・慶長の役における日本軍の朝鮮城郭利用について」『城館史料学』第三号　太田秀春・髙田徹　城郭史料学会　二〇〇五
『朝鮮の役と日朝城郭史の研究─異文化の遭遇・受容・変容』　太田秀春　清文堂　二〇〇五
『近江の山城ベスト50を歩く』　中井均編　サンライズ出版　二〇〇六
「慶長の役における鍋島氏の動向」『織豊期研究』第八号　津野倫明　織豊期研究会　二〇〇六
『秀吉の軍令と大陸侵攻』　中野等　吉川弘文館　二〇〇六
「朝鮮史料から見た『倭城』」『東洋史研究』第66巻第2号　村井章介　東洋史研究会　二〇〇七

「朝鮮出兵と西国大名」『前近代の日本列島と朝鮮半島』　津野倫明（佐藤信・藤田覚編）　山川出版社　二〇〇七
「彦根城の縄張り」『近江佐和山城・彦根城』　髙田徹（城郭談話会編）　サンライズ出版　二〇〇七
『一六世紀末全国城郭縄張図集成下』　黒田慶一・髙田　徹編　倭城併行期国内城郭縄張図集成刊行会　二〇〇八
『戦争の日本史16　文禄・慶長の役』　中野等　吉川弘文館　二〇〇八
「慶長の役における「四国衆」」『歴史に見る四国』　津野倫明（地方史研究協議会編）　雄山閣　二〇〇八
『壬辰戦争』　鄭杜熙・李璟珣編著　明石書店　二〇〇八
「壬辰倭乱の原因・目的に関する日本の諸学説」『日本学』第二八輯　津野倫明　東国大学校文化学術院日本学研究所　二〇〇九
「黒田長政宛鼻請取状について」『人文科学研究』第一七号　津野倫明　高知大学人文学部人間文化学科　二〇一一
「朝鮮出兵と長宗我部氏の海洋政策の一断面」『臨海地域における戦争・交流・海洋政策』　津野倫明（高知大学人文学部「臨海地域における戦争と海洋政策の比較研究」研究班編）　リーブル出版　二〇一一
『長宗我部氏の研究』　津野倫明　吉川弘文館　二〇一二
『秀吉の朝鮮侵略と民衆』　北島万次　岩波書店　二〇一二
『豊臣政権の法と朝鮮出兵』　三鬼清一郎　青史出版　二〇一二
『世界史のなかの戦国日本』　村井章介　筑摩書房　二〇一二
「倭城」『季刊考古学第一二〇号』　下高大輔　雄山閣　二〇一二
「巨済島海戦に関する一注進状」『人文科学研究』第一九号　津野倫明　高知大学人文学部人間文化学科　二〇一三
『日本中世の異文化接触』　村井章介　東京大学出版会　二〇一三
「秀吉軍の日本搬入の朝鮮瓦－東莱倭城との関係から－」『城館史料学』第8号　黒田慶一　城館史料学会　二〇一三
『長宗我部元親と四国』　津野倫明　吉川弘文館　二〇一四
『慶南研究』九　慶南発展研究院歴史文化センター　二〇一三
「佐和山城と彦根城の主要部にみる新技術導入試論―織豊期山城における石垣配置分類の試み―」『近江文化財論叢六』　下高大輔　近江文化財論叢刊行会　二〇一四

## 執筆者紹介

岡寺　　良（おかでら　りょう）　九州歴史資料館
加藤　理文（かとう　まさふみ）　織豊期城郭研究会
訓原　重保（くにはら　しげやす）　城郭談話会
下高　大輔（しもたか　だいすけ）　織豊期城郭研究会
津野　倫明（つの　ともあき）　高知大学人文学部教授
戸塚　和美（とつか　かずみ）　織豊期城郭研究会
中井　　均（なかい　ひとし）　滋賀県立大学人間文化学部教授
早川　　圭（はやかわ　けい）　織豊期城郭研究会
林　　昭男（はやし　あきお）
前田　利久（まえだ　としひさ）　清水国際高校
松井　一明（まつい　かずあき）　織豊期城郭研究会
溝口　彰啓（みぞぐち　あきひろ）　織豊期城郭研究会

## アクセス協力

植本　夕里（城ガール隊）

## ハングル協力

田中　俊明（滋賀県立大学名誉教授）
崔　　恩永
李　　在桓（滋賀県立大学博士研究員）

（いずれも執筆時の所属）

倭城《わじょう》を歩く

2014年11月20日　初版1刷発行
2024年12月20日　初版3刷発行

編　者　織豊期城郭研究会
発行者　岩根　順子
発行所　サンライズ出版株式会社
滋賀県彦根市鳥居本町655-1
〒522-0004　TEL.0749-22-0627
FAX.0749-23-7720

印刷・製本　サンライズ出版


ISBN978-4-88325-548-1 C0026

경 상 북 도
울산
울산 광역시
군
밀양시
양산시
김해시
창원시
부산 광역시
마산
진해
부산
거제시
1 울산왜성
2 서생포왜성
3 임랑포왜성
4 기장왜성
5 동래왜성
6 부산포왜성
7 구포왜성
8 양산왜성
9 김해죽도왜성
10 안골포왜성
11 웅천왜성
12 명동왜성
13 가덕왜성
14 마산왜성
15 영등포왜성
16 송진포왜성
17 장문포왜성
18 견내량왜성
19 고성왜성
20 사천왜성
21 남해왜성
22 순천왜성